Marina Pino

Cómo montártelo por el morro
Manual del buscavidas

Colección

EL PAPAGAYO

— 23 —

MARINA PINO

COMO MONTARTELO POR EL MORRO

Manual del buscavidas

EL PAPAGAYO

EDICIONES TEMAS DE HOY

Primera edición: marzo de 1990
Segunda edición: marzo de 1990

Colección EL PAPAGAYO

Diseño de cubierta: Wunderman
Ilustración de cubierta: José Manuel García López
Ilustraciones de interior: Elio del Amo Feduchy
EDICIONES TEMAS DE HOY, S.A. (T.H.)
Paseo de la Castellana, 93. 28046 Madrid
Depósito legal: M-2.255-1990
ISBN: 84-7880-017-4
Compuesto en Cenit, S.A.
Impreso en Grefol, S.A.
Printed in Spain - Impreso en España

Indice

A Pablo Yzquierdo y Pino,
el buscavidas cachorro

Agradecimientos

Este libro está dedicado a aquellas personas y entidades que se ocuparon de hacer el libro por mí.

A todos, mi más sincero agradecimiento por permitir que me dedicase a mis asuntos mientras vosotros trabajabais denodadamente para poder cumplir el compromiso contraído con la editorial Ediciones Temas de Hoy, sin percibir ningún egoísta emolumento a cambio.

Gracias, queridos (por orden alfabético de méritos): Pablo Yzquierdo y Pino, Jaime Rosal, Ana Vila, Giacomo Casanova, Carlota Montaña, Oscar Wilde, Ana de Naeyer, Alí-Bey el Abassi, Franz Schubert, *El Periódico de Catalunya,* Frank Harris, Nicolau M.ª Rubió, Maurice J. E. Brown, teléfono 010, Gary, María José Espejo, Rosa Lentini, Carlo Frabetti, André Maurois, Carles López, David Spanier, Pablo Minguet, páginas amarillas de la guía telefónica, F. Esprando, Primo González, Zolar, Luis Mazarrasa y Barry Lyndon.

I. En marcha...

LA REBELION DE LAS MASAS ANTE EL SMN (SALARIO MEDIO NACIONAL)

1. Incubación de la crisis

Estamos ante el televisor preparados para ver nuestro programa favorito. A mano, tenemos una bebida color amarillo fosforescente y varios platitos con comida de avión. Nos arrellanamos en el sillón como gatos satisfechos, después de ocho horas de heroica lucha para no tener que trabajar.

El televisor está vomitando su ración diaria de catástrofes, magnicidios, hambre, miseria y paro llamada noticiario. Es un gran alivio que nosotros tengamos un empleo decente con un salario que nos permite atender todos nuestros gastos.

De repente, suena el teléfono. Es nuestra amiga periodista. Vuelve de un viaje a Italia, donde al parecer ha pasado dos semanas en el castillo de un aristócrata, y ha perdido las llaves de casa. Nos pide alojamiento por una noche. Naturalmente, nos estropea la velada, pero nos alegra mucho su presencia porque siempre tiene alguna experiencia interesante que contar. Llega sofocada, como salida de un ajetreado safari, y hablando por los codos de su increíble aventura.

A menudo nos hemos preguntado cómo se las apaña para estar siempre disponible teniendo que ganarse la vida. Nos consuela el pensamiento de que vive en una inseguridad suicida. Pero lo más mosqueante del caso es que se pasa la vida viajando y trasnochando en los bares de moda sin que le hayan cortado todavía la luz ni el teléfono, ni la haya desahuciado el casero.

En realidad, nunca se muestra preocupada por esas cosas y encima se permite traernos un par de garrafitas de buen chianti clásico de Italia.

2. Estallido

Es para volverse loco. Si alguien puede darse esa buena vida sin necesidad de estar amarrado a un horario fijo, y sin que medie la ayuda de unos padres generosos, un ex marido esclavizado o un amante senil (extremos que no hemos comprobado, pero lo vamos a hacer), es que entonces alguien nos está estafando a nosotros.

¡Y si sólo se tratara de ella! Pero está también aquel antiguo compañero de estudios poco brillante, por no decir inútil del todo, que acabó dedicándose al vídeo comercial y ahora se mueve con pasmosa naturalidad entre Madrid y Nueva York; por no hablar de una ex novia que nos manda postales desde Berlín contándonos que pasará allí dos años gracias a una sustanciosa beca...

¡Es imposible saber cómo se las apañan! ¡Nunca te dan respuestas concretas, en caso de que te atrevas a hacer la engorrosa pregunta!

Una sola cosa está clara: ¡quien se conforma con el SMN (Salario Medio Nacional) es un rematado infeliz que se merece un reloj de oro el día de su jubilación!

3. Puesta en acción

Así es. Si usted se ha conformado hasta ahora con el SMN, pero está dispuesto a poner las cosas en claro, éste es su libro. En él encontrará respuestas absurdas a angustiosas preguntas sobre cuestiones de supervivencia. Comprenderá, por fin, cómo consigue su amiga periodista vivir el doble de bien que usted trabajando la mitad. Cómo se las apañan algunos para vestir prendas de marca, arreglarse el cabello en peluquerías famosas, tener una bodega envidiable, ir de cóctel en cóctel, sentarse en las mejores localidades del teatro, recibir invitaciones a mansiones y yates y viajar alrededor del mundo sin ser millonarios. Incluso estando por debajo del SMN. ¡Incluso sin dinero!

II. Qué es un buscavidas

La palabra buscavidas quiere decir «persona que trata de vivir lo mejor posible», aunque siempre ha habido gente interesada en hacernos creer que se trata de un sinónimo de sinvergüenza, gorrón o aprovechado. No haga caso, detrás de esas campañas intoxi-

El buscavidas no es un aventurero sino un hombre de imaginación.

cadoras se encuentra gente dedicada a explotar a tontos agradecidos al SMN para poder llevar ellos una vida de príncipes.

Por lo general, un buscavidas es alguien harto del SMN, o que nunca lo ha tenido, o que lo tiene pero vive muy por encima de él.

Un individuo imaginativo que se limita a beneficiarse de cuanta ventaja, chollo u oportunidad le brindan las circunstancias, sin meterse con nadie. Que haya una cantidad asombrosamente grande de personas que desaprovechan sus oportunidades por culpa de falsos escrúpulos de conciencia o por falta de ingenio, es asunto suyo.

El buscavidas no tiene nada contra quienes pagan religiosamente facturas, honorarios e intereses abusivos, se conforman con una localidad malísima en teatros y salas de conciertos o pasan sus vacaciones en el pueblo, pero no tiene la menor intención de imitarles y nadie le podrá culpar por ello, excepto que sea un redomado hipócrita.

El buscavidas se diferencia del aventurero en que éste es un hombre de acción, mientras que él es un hombre de imaginación.

También tiene algo de Pimpinela Escarlata en el hecho de que se las ingenia para vivir a costa de la sociedad opulenta con objeto de equilibrar la balanza. No se sabe de ningún buscavidas que haya asaltado jamás al ciego de los cupones.

Es así mismo un agente provocador porque a menudo se mueve más por salirse con la suya que por la ventaja en sí y porque pone en crisis el sistema basado en el SMN, como usted ha visto en nuestra introducción.

También es un escéptico que no cree una palabra sobre la conveniencia de mortificarse o privarse, ya que está convencido de que quienes difunden esas doctrinas no se privan en absoluto.

El ejemplo del buscavidas está considerado pernicioso porque se contagia y resulta atractivo para las buenas gentes, de ahí que se le difame y se le intente eliminar como se queman los abrojos en el campo. Vano intento, pues las malas hierbas siempre crecen de nuevo, ante el regocijo general.

Esto es un somero perfil psicológico del buscavidas. Para orientar mejor a los cada vez más numerosos aspirantes a esta categoría, motivados por la política económica del Gobierno, he aquí el retrato-robot del personaje.

RETRATO-ROBOT DEL BUSCAVIDAS TIPICO

Edad

Cualquier edad es buena para ejercer de buscavidas, aunque la especie alcanza su apogeo entre la mayoría de edad y la cuarentena, ya que un buscavidas necesita el máximo rendimiento de su cerebro y de sus piernas. Sin la inteligencia despierta al máximo, no podría poner en práctica sus mil y un recursos para vivir por encima de sus posibilidades, aprender cada día nuevas triquiñuelas y reciclarse convenientemente; y sin un físico en forma le sería imposible reaccionar ágilmente ante situaciones de emergencia que se le pueden presentar, tales como prendimientos, perros enloquecidos, alarmas acusadoras, concursos de sevillanas a bordo de yates...

Por otra parte, su loca afición a los viajes y su inclinación por todo tipo de aventuras le exigen una buena forma física y psicológica. No siempre se puede uno fiar de los vuelos charter con tarifa reducidísima ni de la pericia de los ricos para no embarrancar sus yates en el Mar de Coral.

El buscavidas tiene una gran sangre fría y es sensato y seguro, pero los demás no siempre lo son. Amén de que no todo el mundo ve con buenos ojos sus simpáticas actividades, ni se deja seducir por su innegable encanto: siempre ha habido gente rara y con un desmedido sentido de la propiedad y el orden. Un hombre tan encantador como Giacomo Casanova dio con sus huesos en la cárcel por culpa de gente así, y ni siquiera la gran influencia de su protector, el senador veneciano Bragadin, pudo salvarle. Tampoco el pobre Oscar Wilde —uno de esos seres deliciosos que están en el mundo para alegrar la vida de los demás— pudo evitar que los ingleses puritanos le escupieran y le hicieran otros feos similares cuando le encontraban disfrutando en su exilio francés...

Pese a lo dicho en cuanto a la edad, se sabe

de niños buscavidas y también de ancianos capaces de dársela con queso al mismísimo Kashoggi. El buscavidas suele revelarse ya en la más tierna infancia, como esos gatitos que se las apañan para mamar a sus horas, mientras sus hermanos andan papando moscas y aullando de hambre, aunque luego deberá irse perfeccionando con una práctica constante hasta convertirse en un espléndido ejemplar de buscavidas en sazón.

Si observa que su hijo se las ingenia para cambiar en la escuela sus cromos por una pluma Parker de oro, si se agencia un sueldo extra a cambio de servicios a terceros que usted no sabría definir, si se hace amigo de adultos que le permiten entrar gratis en el cine o en el circo, entonces puede usted estar seguro de que su niño tiene un futuro prometedor como buscavidas.

Look. Equipo básico

• Un 40 por ciento de prendas y accesorios de marca rebajadísimos.

• Un 40 por ciento de prendas y accesorios procedentes de rastrillos, segunda mano y *retro*.

• Un 20 por ciento de prendas y accesorios comprados en países exóticos a precios tercermundistas.

• Monedero grande repleto de tarjetas de crédito, carnés ventajosos, bonos, cupones de descuento, billetes de viaje a precio reducido, direcciones estratégicas y cartas de presentación.

Gustos

El buscavidas adora

- La buena comida.
- Los vinos excelentes.
- Los mejores conciertos.
- La ropa de marca a precio de saldo.
- Los viajes como sea y adonde sea (mejor en primera clase).
- Las invitaciones.
- El dinero de plástico.
- Los tipos de cambio del mercado negro.
- Trasnochar.
- Levantarse tarde.
- Cocinar.
- Los regalos (que recibe).
- Los descuentos.
- Lo gratis (es asiduo del último metro).
- A los ricos que se aburren.
- Las becas (que no exijan justificación posterior).
- Los subsidios y toda clase de ayuda institucional a la desocupación cualificada.
- Las herencias.
- Leer (guías de trotamundos advertidos, autobiografías de buscavidas famosos, manuales del perfecto catador de vinos, manuales del buen vivir de El Papagayo...).
- Los juegos de ingenio (en los que es un encanto).
- Los juegos de azar (en los que es un buitre).
- El día del espectador (véase «Cines»).

Disgustos

El buscavidas detesta

• Ahorrar.
• Trabajar ocho horas o más por el SMN (Salario Medio Nacional).
• Pagar mucho por lo que puede obtener barato.
• Pagar por lo que puede obtener gratis.
• Los alquileres.
• Las facturas del teléfono.
• Las facturas de la luz.
• Las facturas del gas.
• Las facturas del agua.
• La especulación disparatada del suelo (por eso nunca compra una vivienda y si puede se libra de los alquileres por el método de cambiar de barrio, de ciudad, de país y hasta de continente. En situaciones límite, se va a vivir con los *squatters*. Cuando tiene dinero, adora la especulación disparatada del suelo).
• A los administradores.
• Las prácticas bancarias (que le perjudican).
• Los honorarios médicos.
• Los seguros (pues tienen siempre cláusulas amagadas que impiden cobrarlos. Se exceptúan los seguros que tienen suscritos los demás y que eventualmente pueden beneficiarle (véase apartado «Barcos»).
• Las alarmas antirrobo de las tiendas.
• Las barreras de acceso (al «metro», al autobús, a los espectáculos, al fútbol...).

• Los perros guardianes.

• A los revendedores (a menos que él sea uno de ellos).

• El amor pagado (cuando hay tanta gente sola dispuesta a pagar por su agradable compañía).

Código de honor del buscavidas

Lo que no hace

• Llevarse pastitas de los cócteles.
• Colarse.
• Decir siempre la verdad.
• No decir nunca la verdad.
• Dar sablazos.
• Timar a los ciegos y los desvalidos.
• Escabullirse a la hora de pagar a escote.
• Autoinvitarse.
• Sustraer chucherías.
• Agenciarse propinas ajenas en lugares públicos.

Lo que hace

• Abonarse a cócteles.
• Ser sincero cuando conviene.
• Mentir cuando es necesario.
• Vivir a crédito.
• Aplazar los pagos.
• Librarse de los pagos.

- Aceptar invitaciones.
- Sustraer correctamente.
- Viajar gratis en transportes públicos sin cobrador.
- Poner conferencias en su lugar de trabajo.
- Aceptar regalos y sobornos.
- Alquilarse la tarjeta de socio de la discoteca Up and Down de Barcelona.

COMO LABRARSE UNA REPUTACION

La primera regla de oro del perfecto buscavidas es la de labrarse una reputación de impecable pagador en el barrio donde vive y en el círculo donde se mueve. Hay que tener paciencia en la siembra, porque luego los frutos recogidos son seguros.

Nos acordaremos de devolver tres pesetas que adeudamos a nuestro quiosquero habitual y avisaremos a nuestros proveedores cada vez que nos devuelvan dinero de más. Al cabo de un tiempo nuestra reputación será tan firme que podremos hacer nuestras compras del día y hasta del mes sin dinero. Por supuesto, deberemos pagar lo adeudado con la mayor diligencia, hasta el próximo atasco económico, de lo contrario nuestra reputación se vendrá abajo mucho más deprisa de lo que nos costó ganárnosla.

RECUERDE QUE LA BUENA REPUTACIÓN SIRVE PARA TENER CRÉDITO, NO PARA QUE NOS MANTENGAN.

BUSCAVIDAS SPORT

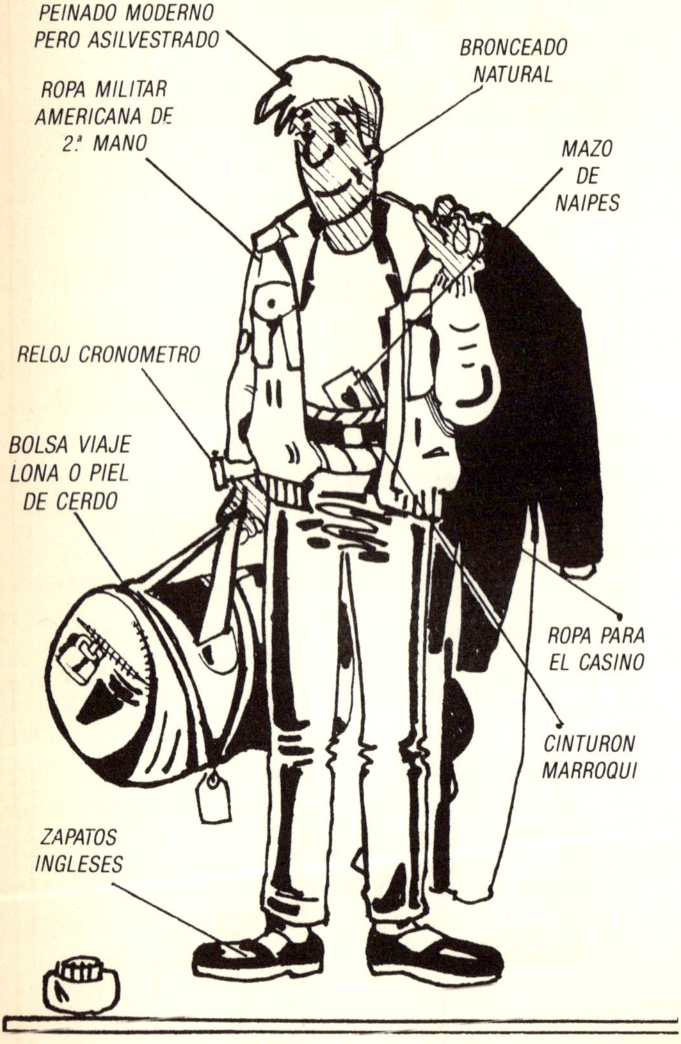

OBSERVADOR, SOLO HABLA CUANDO ES NECESARIO
AIRE DESENVUELTO
PRACTICA DEPORTES DE SALON Y JUEGOS DE AZAR

COMO PERDERLA

Si de todos modos vamos a dejar el barrio o la ciudad en que vivimos, podemos echar a perder tranquilamente nuestra reputación equipándonos gratis antes de partir y concediéndonos una amnistía como moroso. Las deudas sólo son enojosas mientras vivimos cerca de nuestros acreedores.

Veamos ahora los diversos modelos de buscavidas.

BUSCAVIDAS MODELO SPORT

Aire desenvuelto, audaz, observador, habla sólo cuando es necesario pero con «pico de oro». Practica deportes de salón y juegos de azar.

• Vestimenta cómoda y deportiva con toques fantasiosos (por ejemplo, ropa militar americana de segunda mano con cinturón marroquí muy trabajado y anillo de plata maciza mejicana).

• Objetos sólidos y seguros (reloj-cronómetro a prueba de maltrato y naufragios, bolsas de viaje de lona fuerte o piel de cerdo con correas de seguridad, zapatos ingleses y wambas John Smith. Cuando está arruinado lleva todo el surtido de Valverde del Camino de suela de neumático...).

• Corte de pelo actual, pero asilvestrado.

• Bronceado natural en cualquier época del año.

• Una reserva de ropa elegante para jugar en el casino.

• Aceites especiales para masaje.

• Mazos de naipes.

BUSCAVIDAS MODELO URBANO

En su versión urbana, el buscavidas tiene vocación de dandy. Aire desenvuelto, labia apabullante. Habilidades creativas y para la especulación intelectual y económica.

• Combina su equipo básico de prendas firmadas, de ropavejero y exóticas con tal arte que crea escuela.

• Corte de pelo actual (véase «Peluquería») con ligerísimos y atildados toques de gomina o gel fijador. A veces puede llevar chalecos de fantasía, bastón y perilla, aunque en ningún caso se trata de Jaime de Mora.

• Tez verde oliva.

• Cuando viaja al castillo de algún rico que se aburre (véase «Ricos que se aburren») no abandona nunca su *look* refinado y fantasioso. No pierde su dandismo ni su compostura ni siquiera durante los viajes más lejanos y disparatados. Así: zapatos Martinelli ingleses, con cordones, bicolores de los años treinta o marroquíes de rejilla hechos a mano. Guardarropa básico de Giorgio Armani y Adolfo Domínguez, con deta-

BUSCAVIDAS URBANO

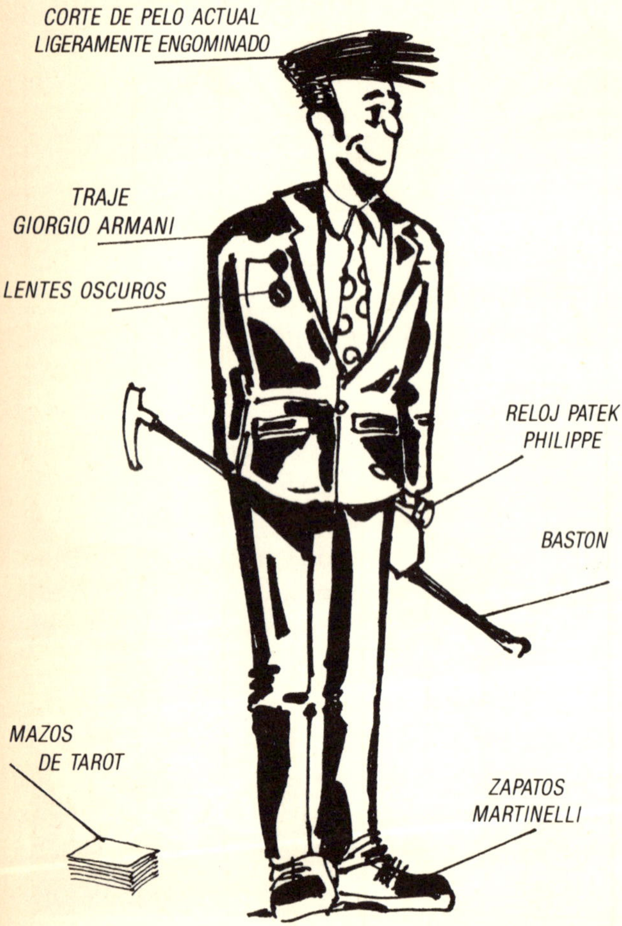

BLA
BLA
BLA
BLA
BLA
LABIA APABULLANTE
ACTIVIDADES CREATIVAS
INDICES BURSATILES
CONOCIMIENTOS DE LO OCULTO Y LO PROHIBIDO

lles de Pedro Morago y José Tomás. Lentes oscuros Porsche de titanio (redondos), *boxers* de algodón y cualquier modelo Patek Philippe de reloj. Es capaz de combinar una camisa bordada y con chorreras de rumbero de lujo con la estricta sobriedad de Armani. A él le sienta bien...

- Mazos de tarot.
- Libros de saber oculto y prohibido.
- Indices bursátiles.

TIPO MIXTO

Puede suceder muy bien que un buscavidas sepa cocinar, entienda de arte y sea capaz de hacer saltar la banca del casino.

Incluso que sea deportista.

Lo mejor del buscavidas es que es casi imposible de clasificar, aunque nosotros lo hayamos hecho para mayor comodidad de nuestro dibujante...

LA BUSCAVIDAS FEMENINA

Todo lo dicho hasta ahora, así como lo que se dirá más adelante, vale para los buscavidas de cualquier sexo, pero debido a que el lenguaje es tan pobre que emplea el masculino para referirse a hombres y mujeres juntos, conviene desde ahora poner las cosas en su sitio.

De siempre las mujeres han sido maravillosas buscavidas: las muy ladinas se aprovechan a un tiempo de unos talentos que nada tienen que envidiar a los de sus colegas masculinos y de los privilegios de que aún goza su sexo.

El viejo acomodador de un teatro de ópera es mucho más benévolo con una joven y atractiva buscavidas que se ha pasado del gallinero a un palco de honor en el entreacto (véase «Música y teatro»), y los ricos que se aburren están muy inclinados a ayudar e invitar a jóvenes en apariencia desvalidas. Cuando además ella les demuestra que es un avezado marinero al que pueden confiar el cuidado de su yate fuera de temporada y que es una endiablada jugadora de «faraón» —el juego de naipes del que habla Casanova en sus memorias—, les tendrá definitivamente conquistados.

Así mismo está demostrado que la buscavidas femenina lo tiene mucho más fácil a la hora de convencer a un revisor para que la deje viajar sin billete o para que le paguen las consumiciones cuando cita a alguien en el bar de un hotel de lujo, entre otras muchas facilidades que la mujer buscavidas aprovecha como es debido.

La buscavidas artista también tiene muchas *chances*: con la excusa de pintar o escribir encuentra mecenas que le ceden estudios en parajes preciosos, y es la compañía favorita de los ricos que son artistas frustrados por la paciencia con que lee y analiza sus creaciones literarias y por la habilidad con que juzga su producción artística.

Por no hablar de lo buena que es como echadora de cartas, astróloga y maga. Y de cómo descuella en el elegante deporte del tiro al arco...

DRAWS

Look

Aunque no se sabe muy bien por qué, la buscavidas femenina es alta y esbelta, de miembros largos, juvenil y con un aire de lo más desenvuelto. Las que no son así, se las arreglan también estupendamente bien. Su atuendo suele ser modernísimo, atrevido y hasta con unos toques de extravagancia posmoderna, ya que para eso es mujer y se lo puede permitir. Pues mientras en discotecas exclusivas como Up and Down o Regine's los hombres deben entrar con chaqueta y corbata, sin que valgan cazadoras de cuero de cien mil pesetas, ella entra con un simple y extremadísimo pareo tahitiano...

Equipo básico

Es el mismo ya señalado para todo tipo de buscavidas, a saber, un 40 por ciento de prendas y accesorios de marca conocida rebajadísima, un 40 por ciento de prendas y accesorios superoriginales procedentes de rastros, ropavejeros y saldos, y un 20 por ciento de prendas y accesorios comprados en países exóticos a bajo precio o cambiados por ropa europea pasada de moda y cachivaches electrónicos. Una fórmula tan precisa como las partes de un cóctel e igual de efectiva, que con seguridad fue patentada por alguna colega.

Ella es cliente habitual de modistos caros (véase «Alta costura»), buscadora contumaz de saldos firmados y de prendas *retro* loquísimas, y tiene en su agenda una larga lista de locales privados donde se vende ropa moderna a precio tirado, pasando de intermediarios y otros gastos. Así: «Calle tal, número tal, primera planta detrás de aparcamiento P1, puerta gris, timbre rojo, de parte de Marga.»

Todo ello no hace que la buscavidas sea elegante —para entendernos, no parece salida del probador de Purificación García—, pero posee un estilo propio adecuado a su azaroso tenor de vida y a menudo crea escuela. Entrevistada una de ellas, esta es la tabla que nos dio de lo que considera *IN* y *OUT*:

IN

- Las corbatas y pajaritas.
- Las camisas masculinas (mejor con las iniciales bordadas).
- Los pantalones.
- Los zapatos de corte masculino (*sport* y fantasía).
- Las zapatillas de deporte.
- Los calcetines.
- Los gemelos de camisa.
- Los bolsos enormes.
- Los guardapolvos amplios.
- Las gafas oscuras (tiene una colección que va desde viejas Ray-Ban al último modelo de Porsche en titanio).
- Los cortes de pelo liso con raya.
- Los labios de color vivo.

- Los relojes grandes y deportivos.
- La ropa interior larga y cómoda (seda o algodón).
- El algodón grueso.
- La lana fría.
- Las pieles ecológicas.
- Etcétera.

OUT

- La joyería a gogó.
- La bisutería a gogó.
- Las faldas.
- Los vestidos.
- El *fard de paupières* y en general los maquillajes polícromos.
- Los relojitos de brillantes.
- Los zapatos de tacón.
- Los bolsos pequeños.
- Las medias con dibujo.
- El pelo de colores.
- Las pieles.
- Los mocasines.
- El bikini.
- Etcétera.

Cuando íbamos a pedirle aclaraciones sobre esta lista, la buscavidas se había «esfumado» camino del aeropuerto...

III. El buscavidas en sociedad

El buscavidas desarrolla sus actividades y sus conocimientos entre la sociedad rica, que es la que está en condiciones de apreciarlos y valorarlos como es debido. El rico y su buscavidas van siempre juntos pues, como veremos, el uno necesita del otro.

El buscavidas que es un buen profesional cuida con mimo del ocio y del estado físico y mental de su rico, de la misma manera que se ocupa de sus negocios y de su colección de arte, e incluso le salva la vida en el momento en que se le avería el fueraborda o sufre un infarto.

Hasta cuando le gana a los naipes, el buscavidas le hace un favor a su rico (a la vez que se lo hace a sí mismo): mantiene su mente y sus reflejos en forma e impulsa una saludable circulación de capitales de un bolsillo a otro.

No debemos confundir por tanto al buscavidas con el gorrón o parásito, un tipo lamentable que se halla en las antípodas de nuestro personaje, tan lleno él de habilidades y recursos al servicio del bienestar ajeno.

Otro prejuicio muy extendido es creer que nuestro amigo es un ser interesado y egoísta, capaz de vender a sus hermanitos a cualquier organización de padres adoptivos, si ha de sacar alguna ventaja material de ello. Basta echar un vistazo a nuestro capítulo de buscavidas famosos para ver que todos fueron unos grandes generosos y unos manirrotos adorables, motivo por el cual estaban a menudo en la ruina. Ruina que a su vez les impulsa a inventarse nuevos trucos para salir del atolladero.

Veamos a continuación cómo es el ambiente en que se mueve el buscavidas, de qué manera desarrolla su *savoir faire* en sociedad, cuáles son las REGLAS DE ORO de su comportamiento y en qué consisten las portentosas habilidades que le granjean la admiración de los ricos y su correspondiente mecenazgo.

RICOS QUE SE ABURREN

Existe una infinita cantidad de ricos que se aburren y que necesitan nueva compañía continuamente. El hecho de que ahora trabajen no modifica su necesidad básica de cuidados y atención personalizada.

Los ricos se pirran por gente con aspecto desamparado en el terreno económico (en el que ellos están sobrados) y con algún tipo de habilidad artística o deportiva (que a ellos les falta o no encuentran con quién compartir). Los poetas, pintores, escultores, periodistas, deportistas o jugadores de cartas, sean malditos o consagrados, les fascinan. Si pertenecemos a algunos de esos grupos, o fingimos pertenecer, recibiremos invitaciones a yates y castillos fácilmente.

Nos presentaremos con nuestro atuendo más extravagante, pues los ricos están hartos de codearse con gente que viste como ellos. En su mansión, opinaremos sobre su colección de arte con la mayor desenvoltura, les daremos jaque mate al ajedrez sin piedad y no dudaremos en comportarnos como tahúres en la mesa de póquer. Están cansados de servilismo. La sinceridad desarmante también les encanta, pues en su círculo casi nunca se da.

ARTISTAS FRUSTRADOS

Ustedes no tienen la menor idea de la cantidad de ricos que son artistas frustrados. Y aunque se pagan las ediciones de sus libros y las exposiciones de sus cuadros, ven con desilusión que no siempre el dinero proporciona el talento para estas cosas. El que nosotros publiquemos cobrando —aunque sean esos ridículos adelantos en concepto de derechos de autor que suelen pagarnos los editores— o que vendamos nuestros dibujos, les llenará de admiración infinita. Si somos periodistas, tendremos buen cuidado en dejarles entrever que estamos investigando las tramas negras policiales, aunque nos ocupemos de la sección de pasatiempos de una revista de segundo orden. A los ricos les gusta creer estas cosas y no hay motivo para decepcionarles.

También desean saber nuestra opinión sobre su trabajo literario o pictórico. De hecho nos han invitado con esa única intención. Es más, son capaces de organizar un crucero por las islas del mar Egeo sólo para poder espetarnos la fatal consulta a traición durante la siesta.

Si nuestro rico no es imbécil, no servirá el halago fácil, pero tampoco que soltemos una gran risotada al ver sus garabatos al óleo o grandes bostezos al leer su diario poético en dos volúmenes.

El buscavidas avezado sabe que ésta es su jugada ajedrecística más difícil, por lo que sólo aceptará la invitación una vez que la haya meditado muy bien. Por lo general resulta infalible el truco consistente en realizar el mayor número posible de resúmenes, de acotaciones y esquemas escritos sobre la obra a considerar. Los autores frustrados no quieren saber realmente qué nos parece su obra, lo que sería una vulgaridad, sino comprobar que nos hemos ocupado muy en serio de ella.

En cuanto a las pinturas, además de controlar a la perfección los músculos faciales, el buscavidas las observará con el mayor detenimiento y hará que sus comentarios arranquen como mínimo desde Velázquez, hasta llegar a nuestro sujeto. La simple mezcla de su nombre con el de los grandes de la pintura hará que su semblante se ilumine.

Por otra parte, no hay nada peor que precipitarnos a balbucear una opinión favorable. Cuantos más días nos demoremos en dar nuestra opinión, mejor. Nada le produce tanto placer al artista frustrado rico como esa deliciosa demora, tanto, que al final ya no le importará demasiado que nuestras observaciones sean más bien críticas, e incluso descaradamente crueles. La mayor satisfacción del buscavidas es tener a su rico contento, aun después de haberle dicho con elegancia maquiavélica lo que ya pensó en un primer momento: que es un ARTISTA MALÍSIMO.

INVITACIONES

Un verdadero buscavidas no es un vulgar gorrón. Por supuesto, aceptará invitaciones a pan y cuchillo, pues para eso están los ricos y los buscavidas, pero no aceptará pagos o regalos fuera de lugar... o, al menos, no todos. Hay que saber rechazar de vez en cuando.

No hay nada que desconcierte más favorablemente a un rico que el digno rechazo de alguno de sus favores o un rasgo de generosidad por nuestra parte, aunque sea tan ínfima como pagarle el servicio de aparcamiento o el vermú. En realidad, cuanto más absurda es la invitación, mejor. Y eso vale también para nuestros regalos a los ricos.

REGALOS BARATISIMOS

El buscavidas tiene un montón de ideas acerca de los regalos encantadores pero baratísimos que puede hacerle a sus conocidos ricos, como grandes ramos de hierbas aromáticas para la cocina, encendedores chisqueros para el yate y la playa, finos juegos de cartas Fournier para la hora de la timba o abanicos para los calores (vuelve a ser de buen gusto abanicarse, tanto entre las mujeres como entre los hombres).

Mi amiga periodista se presentó en la cena informal que daba un alto representante de la cultura de otro país con una gran luna de papel de las que se usan en las verbenas. Cuenta que, colgada del techo, fue la única nota festiva (y baratísima) de la velada, en medio de una apabullante proliferación de *bouquets* de flores, centros de mesa, ceniceros de alabastro, *bibelots* de plata y otras chucherías igual de caras.

Recuerde que los ricos están hartos de ceniceros de plata y cristal tallado: de hecho ya no saben dónde ponerlos.

Una sola vela elegantísima de nuevo diseño o un paquete de servilletas de papel de exquisito color quizá no nos hagan quedar bien ante nuestros amigos acaudalados, pero demostrarán que tenemos estilo... y desfachatez suficiente para aparecer con un «detalle» de trescientas pesetas.

> Es mil veces preferible causar el estupor de los ricos con un obsequio estrafalario que provocar su sonrisa compasiva con un ramo de orquídeas comatosas.

HABILIDADES Y DEPORTES

Modelo sport

- Billar y *snooker.*
- Juegos de naipes y de dados.
- Juegos de manos.
- Juegos de ingenio de Carlo Frabetti (véase en el *Manual del ingenioso,* Ed. Temas de Hoy).
- Dominó.
- Dardos.
- Apuestas.
- Conducción deportiva (automóviles, motos y fuerabordas).
- Quiromasaje.

Modelo urbano

- Arte (a veces, comercia con él).
- Bolsa.
- Baile.
- Conversación.
- Ajedrez.
- Tarot, astrología y cábala.
- Grafología.
- Cocina y enología.

COMO SE LO MONTA EL BUSCAVIDAS SPORT

Es el compañero imprescindible a la hora de animar timbas de naipes, en las que brilla por su portentosa habilidad para toda clase de envites atrevidos y de faroles vistosos que encandilan a sus amigos ricos. Practica un juego rápido e imaginativo, con el que castiga implacablemente a su contrincante y su bolsillo. Parte de la teoría de que el juego es una emoción fuerte, y si no para eso está el parchís.

Su conocimiento de los juegos de ingenio y de manos le ayudan en toda clase de cálculos y combinaciones: sabe en todo momento las cartas que han salido y, por tanto, las que a buen seguro tiene el contrario. Es una computadora a la hora de hacer cálculos de probabilidades en los juegos de azar y de sopesar las oportunidades de alcanzar el éxito que tienen los diversos movimientos que realiza.

Si encuentra a un rico tan tahúr como él y las cosas se ponen feas, no duda en recurrir a toda clase de martingalas y trucos aprendidos en las mejores casas de juego clandestinas, aunque sin perder nunca la compostura. Cambiar los dados escondidos en el «mentiroso», usar sus propios dados trucados personales, marcar discretamente cartas y utilizar trucos de magia son ayuditas a las que el buscavidas sólo recurre cuando le va un Perú en ello y lo tiene crudo. O cuando juega con ricos que se aburren muchísimo y no saben cómo perder el dinero o cuando se enfrenta a tahúres sin escrúpulos que van a por él. De lo contrario, prefiere ganar en buena lid y no duda en utilizar una baraja nueva en cada mano si es necesario.

Cuando juega al billar, nuestro amigo suele

utilizar el mismo truco que utilizaba el protagonista de la estupenda película americana *El buscavidas,* de Robert Rossen. Se trataba de un jugador profesional que fingía ser un jugador mediocre y adinerado que tenía ganas de divertirse y de perder su dinero, pero que en realidad se ganaba la vida recorriendo los billares de los Estados Unidos y esquilmando a los incautos jugadores locales. También a nuestro buscavidas le gusta hacer algunas partidas iniciales mediocres y cuando las apuestas suben y su rico está seguro de que lo va a destrozar, despliega toda su sabiduría acumulada en muchas horas de práctica.

Sin embargo, hasta los ricos tienen un límite para las derrotas que pueden digerir y las sumas de dinero que pueden perder, y si no lo tienen, el buscavidas de calidad sabe fijarlo con elegancia. Y no por un sentimiento de compasión mal entendido, no, sino porque no conviene matar a la gallina de los huevos de oro.

Cuando un rico está muy lastimado, lo mejor es una buena sesión de magia o de juegos de ingenio para darle tiempo a que se reponga. La hora del paseo en yate también es un buen momento para reconquistar el afecto de los ricos expoliados: el buscavidas pilota la nave, prepara cócteles y cuenta anécdotas deliciosas, lo que también es un modo de librarse de realizar tareas serviles, como baldear la cubierta y hacer las camas.

LOS JUEGOS DEL BUSCAVIDAS

Sus juegos preferidos son el póquer, el *backgammon,* el *gin-rummy* y el *blackjack,* entre otros. Respecto de los juegos, cree, como el jugador americano David Spanier, que la suerte es el premio del hábil y que, a la postre, la habilidad prevalece sobre el azar.

El póquer

Es un juego basto de garito, ideal para aliviar a los ricos torpes de su dinero. Exige paciencia, astucia y agresividad a partes iguales, más velocidad mental y frialdad de tahúr. Es el juego con que el buscavidas suele ganarse la vida.

El *backgammon*

Este juego combina el azar de los dados con la destreza, pues requiere memoria y práctica para calcular los veintiún resultados posibles y las treinta y seis no posibles combinaciones que pueden hacerse jugando con dos dados. El *backgammon* es reñidamente competitivo y resulta muy apropiado para jugar en privado en yates y mansiones. Su posibilidad de doblar y aun de redoblar hasta dieciséis veces el valor de la apuesta inicial, en cualquier momento del juego, le va muy bien al temperamento, a un tiempo astuto y arriesgado del buscavidas, quien logra con ello ganar suculentas sumas de dinero cuando se siente seguro de ganar, así como forzar al contrincante a abandonar la partida cuando prevé que ésta tomará una orientación dramática.

El *gin-rummy*

Este juego (que, a pesar de su nombre, es de origen español) parece fácil y enteramente sujeto al azar, en el que las victorias y las derrotas se suceden solas a un ritmo vertiginoso, pero en realidad exige una gran destreza y una gran habilidad para no dejar traslucir al contrincante ningún indicio de la jugada que se trama, pues esto es básico para ganar al *gin*.

El *blackjack*

A veces, el buscavidas hace una profesión del *blackjack,* ya que permite un buen rendimiento económico si se domina su complejidad y se saben aplicar los descubrimientos de los expertos para sacarle jugo. En los casinos tienen verdadero pánico a los buscavidas expertos en *blackjack* y en cuanto les echan la vista encima les invitan amablemente a ausentarse. En este tipo de establecimientos sólo está permitida una clase de tahúres, los que la empresa tiene empleados.

Cuando el buscavidas quiere jugarse algo con su rico, recurre al póquer con dados en dos jugadas o al «mentiroso», que son más interesantes que el clásico e infantil «cara o cruz».

El mentiroso

Se juega con dados de póquer. El «mentiroso» incluye el recurso del «farol» y es un juego que no tiene la menor lógica, por eso resulta refrescante después de los estragos cerebrales que causan los demás juegos.

Al tirar los dados, cada jugador los esconde de los demás, tapándolos con el cubilete. Una vez los ha mirado, canta una mano de póquer y le entrega el cubilete con los dados tapados al jugador que le sigue por su izquierda, quien debe escoger entre aceptar la oferta y quedarse con la mano (por supuesto, antes de mirarla) o rechazarla. Si la acepta (es decir, admite que el primer jugador ha obtenido realmente la mano que ha cantado), efectúa una tirada y luego canta una mano más alta al siguiente jugador.

Si, por el contrario, no la acepta, exclama: «¡Mentiroso!», y se descubre la mano. Caso de que ésta, o una superior, sea la anunciada, pierde el jugador que la ha rechazado. Si no lo es, pierde el jugador que intentó «colarla».

El buscavidas domina a la perfección la técnica de hacer creer que se ha marcado un «farol» cuando no es verdad y de hacer pasar un verdadero «farol» por bueno, ya que es un maestro en el arte del disimulo y del fingimiento y un profundo conocedor de la psicología de cada jugador. Conoce al desconfiado que siempre quiere verificar la autenticidad de la mano, al que la acepta siempre con tal de marcarse él un «farol» a su vez y al que acepta la mano por miedo de que sea verdadera y perder.

En este trapacero juego, el buscavidas se permite hacer diabluras con los dados escondidos para así ganarle sabrosas apuestas a su rico.

DE TAHUR A MAGO

Después de una serie de partidas de naipes especialmente duras, al buscavidas tahúr le gusta relajar el ambiente convirtiéndose en mago. Con una baraja española corriente que contenga los ochos y nueves de cada palo —o con un modelo *neoclásico* de Fournier, si se quiere dar el golpe— pedirá a los concurrentes que tomen los naipes que quieran y él los adivinará sin fallar uno. Acto seguido hará lo mismo con todos los naipes de la baraja con sólo palparlos con los dedos de las manos: los tantos que tiene cada carta, y si es figura y de qué palo es. Luego le pedirá al dueño de la casa que tome un naipe y se lo guarde sin mirarlo, y acto seguido cantará la carta, el anfitrión la sacará y todos comprobarán que nuestro amigo no se ha equivocado. A continuación colocará la baraja boca abajo sobre la mesa y adivinará y mostrará todos los naipes que le pidan.

Si el grupo está interesado e incluso se le agregan otros invitados, atraídos por la diversión, el mago continuará asombrándoles con su habilidad para hacer que salgan los cuatro reyes juntos, los cuatro caballos y las demás figuras por su orden, después de haber barajado bien. Y para terminar la sesión el buscavidas enseñará los cuatro caballos juntos, los barajará y separará bien separados, y posteriormente pedirá a alguien que levante y luego sacará los naipes uno después del otro y los caballos volverán a salir juntos.

A estas alturas empezarán a escucharse murmullos de admiración, momento en que nuestro amigo dará por concluida la sesión para no cansar, y si hay *juniors* que no quieren dejar la diversión, les pedirá un palo de golf y con él atará a un voluntario de cabeza, manos y pies, de modo que no se pueda mover.

Esta es la manera en que el buscavidas se hace perdonar el haber estado ganando todo el día al póquer, al *backgammon*, al *gin-rummy* y al mus.

QUIROMASAJE Y AROMATERAPIA

El masaje es una forma milenaria de ganarse el agradecimiento eterno de los ricos estresados (que son todos) y sin el perfecto conocimiento del cual ningún buscavidas en su sano juicio se atreve a presentarse en la mansión de su rico. Además, la mesa de masaje con su rico desnudo sobre ella, cansado, dolorido, tenso, fláccido, apá-

tico, excitado, gordo, flaco, o simplemente aburrido, propicia la más provechosa intimidad.

El buscavidas refinado domina, además, el arte de la aromaterapia, y combinando sus aceites secretos con el adecuado masaje, logra milagros tales como:

Poner a punto a su rico después de una enfermedad.

Curarle el maldito insomnio.

Ayudarle a afrontar una noche loca después de un día peor aún.

Prepararle para el cruel deporte y reparar luego los estragos del mismo.

Relajarle y suavizarle al final de un día repleto de opas hostiles.

Lograr que huela bien incluso empapado en sudor.

Aliviarle la rinitis crónica que le hace resoplar como un búfalo y la bronquitis de fumador que tan poco atractivo le hace parecer por las mañanas en la alcoba.

Mantenerle alerta.

Dormirle en la bañera.

Mantenerle fresco durante el verano.

Eliminarle las manchas de la piel.

Y otros servicios sin precio que el rico se encargará de valorar como se merecen.

Si oye a dos buscavidas hablar de *cayeputí, ylang ylang* o *neroli,* no recele: se están refiriendo a algunos de los exóticos componentes de los aceites mágicos que van a emplear esta temporada en las mejores mansiones.

DOS PALABRAS SOBRE EL DEPORTE

Si usted ve a un buscavidas practicando el *surf* o jugando a pelota vasca, es que no es un buscavidas sino un aventurero. Para entendernos, el auténtico buscavidas pone a prueba su mente, pero no es partidario de poner a prueba su cuerpo.

Por hacer deporte entiende, como mucho, lanzar dardos o conducir, pero detesta subir a las cumbres del Himalaya, bajar rápidos en piragua o escalar puertos de montaña en bicicleta de competición. De hecho no entiende muy bien qué impulsa a la gente a buscar los límites de su resistencia física y mental y a pasar peligros innecesarios. Bastante tiene él/ella con afrontar los peligros inesperados que encuentra durante sus correrías por el mundo, tales como revoluciones, plagas de víboras en los campings, huelgas de transporte y estallidos de motores en los vuelos chárter, por poner sólo algunos ejemplos.

La verdad es que ni siquiera se puede contar con él para jugar al tenis, más aún, ni siquiera acompaña a su rico a hacer *footing* y *jogging* a las siete de la mañana, pero le espera fielmente a mediodía con un martini y una baraja...

SOCORRISMO Y MEDICINA DE URGENCIA

Pero cuando la catástrofe llega, el buscavidas es rápido, frío y seguro. Extrae púas de erizos que sus amigos se clavan en playas paradisíacas, aplica emplastes de barro y compresas de cebolla fresca en golpes, picaduras de insectos y escozores provocados por plantas urticantes, masajea corazones detenidos y aplica raudo y enérgico el boca a boca, inmoviliza fracturas con ayuda de paraguas y bastones...

Cuando va con sus ricos a países exóticos, les prepara y mantiene el estómago con sus ciruelas macrobióticas, y si alguno de ellos coge de todos modos una diarrea maligna por haberse negado a probar esas deliciosas ciruelas saladas, le trata de urgencia con sus infalibles farinetas de caolín: sea como sea, se tienen que poner en manos de nuestro buscavidas si no quieren ser repatriados presas de vómitos, deshidratamientos, tifus exantemático y coma, tras haber comido en la medina de Fez o haber probado las especialidades de la comida mejicana.

También se da mucha maña arreglando motores averiados en plena galerna o durante una tempestad de arena, y en general es útil cuando todos los demás ya han perdido la calma.

Si no queda más remedio que esperar ayuda, entretiene con su conversación y sus juegos a la concurrencia, y en casos límite es capaz de preparar un revoltillo de muslos de sabandija con guarnición de algas.

COMO SE LO MONTA EL BUSCAVIDAS URBANO

El buscavidas urbano y una pizca intelectual es también muy solicitado en sociedad.

Su rico le ha invitado a pasar unas vacaciones en su mansión campestre, pero lo que en realidad le interesa es que nuestro hombre le tase su colección de arte o, en los peores casos, espera un juicio crítico sobre sus propias pinturas. De la evaluación de los cuadros se pasará casi seguro a las cotizaciones de Bolsa (que apasiona al buscavidas) y de ahí al análisis económico-político de la coyuntura.

Todo eso es complicado y puede llevar días. Hay que asesorar a nuestro mecenas sobre qué es lo auténticamente valioso de su colección de arte, qué debe comprar y qué vender antes de que se produzca una inflación de la obra de ese artista y su cotización se venga abajo. Lo mismo con los valores bursátiles.

Sólo después de haber brindado gratis esta

asesoría altamente especializada, nuestro amigo se habrá ganado sus vacaciones. El buscavidas brillará entonces en el baile y su habilidad para el tango le permitirá aprovecharse un poco de los miembros atractivos de la familia. Además, le saldrán clientes para futuras clases pagadas en otras tantas mansiones.

También las sesiones de TAROT, ASTROLOGÍA, GRAFOLOGÍA Y CÁBALA HEBRAICA le convertirán en un individuo muy seductor, cuando no imprescindible. Si tiene algunos golpes de suerte en sus predicciones, tiene asegurada la dependencia de su rico, que le llamará para consultarle desde cualquier país del mundo.

En el ajedrez vence por la vertiginosa rapidez de sus movimientos, que dejan al contrincante sin capacidad de reacción.

Peligro: los adversarios lentísimos que aburren a nuestro personaje y le cogen desprevenido descabezando un sueñecito.

Así mismo el buscavidas establece un día gastronómico, en el que pone en juego todas sus habilidades culinarias y de avezado catador de vinos (se compra todas las guías sobre el tema) a costa de la espléndida despensa de su anfitrión.

Por supuesto, el buscavidas urbano no sabe nada de motores fueraborda e indefectiblemente hace un roto en el fieltro de la mesa de billar, así que se abstiene de hacer el ridículo. Por su parte, el buscavidas *sport* no distingue a Goya de Tàpies, ni falta que le hace.

EL ORACULO DEL BUSCAVIDAS MAGO

El secreto del poder del buscavidas es que tiene un oráculo que causa gran impresión entre sus amigos ricos. Con todos los invitados reunidos al anochecer en torno a una mesa, el buscavidas mago dispone unos folios de papel de muy buena calidad y una estilográfica con tinta sepia. Todo el mundo puede hacer preguntas sobre cuestiones que les interesen o preocupen y el oráculo les responderá.

Nuestro amigo escribe las preguntas, convirtiéndolas en números, y luego traza una complicada pirámide. Cada número corresponde a una letra del alfabeto. Las respuestas del oráculo son también series de números resultantes de una larga serie de operaciones aritméticas, que el mago escribe aparentemente por azar y que deben traducirse en letras y palabras. El advierte que en general no comprende las respuestas y que los que consultan son quienes deben encontrarles sentido.

Una atractiva (y rica) invitada pregunta cómo podría librarse de unas fuertes migrañas que la atormentan. El mago escribe la pregunta y a continuación se entrega a una larga y complicada serie de números y sumas, hasta que quedan unas cuantas cifras como respuesta. Esta resulta ser, en palabras:

«Toma la bebida amarga y el espíritu que hace crecer el pan.»

La señora pregunta qué quiere decir, pero el mago contesta que no lo sabe e invita al grupo a interpretarla. Después de un animado coloquio, acuerdan que quiere decir:

«Levadura de cerveza.»

En ese momento, otra joven asegura que ella también padece de migañas ese verano y querría saber si el oráculo le aconseja el mismo tratamiento, pero éste sentencia simplemente:

«Sen.»

Se produce un momento de estupor, pero el anfitrión dice recordar que el sen es una planta. Las mujeres toman respectivamente levadura de cerveza y sen, y se curan de sus migrañas en pocos días.

Tras esta curación, el grupo desea interrogar de nuevo al oráculo. El anfitrión se burla de él y de los que creen en él, pues en su opinión todo el mundo sabe que la bella invitada que consultó el oráculo en primer lugar, está siguiendo una dieta muy severa, que seguramente le producía dolores de cabeza, y que la levadura de cerveza le compensaba la deficiencia de alimento sin hacerla engordar. La aludida responde que sin duda es cierto, pero que hace días que se queja de migraña y sólo le habían dado aspirinas.

La segunda consultante observa que nadie sabía en cambio que ella tuviera pereza intestinal, que a buen seguro le producía migrañas, y que el sen es un laxante natural que todos desconocían y que le ha ido muy bien.

Sin abandonar su sonrisa burlona, el anfitrión quiere poner a prueba el oráculo y pregunta dónde ha perdido uno de sus mejores relojes (un Rolex de acero y oro blanco), al que lleva una semana buscando sin éxito. El oráculo responde:

«En la habitación azul de invitados.»

El rico se da una palmada en la frente. Claro, hace una semana cedió su habitación a una pareja amiga y él pasó unas cuantas noches en la de invitados. Ante la expectación de todos, sube al segundo piso y regresa con el reloj perdido. Hay exclamaciones, felicitaciones y aplausos, pero el dueño de la casa enciende un puro y no dice nada: al fin y al cabo todos los que llevan viviendo en su mansión más de una semana (el buscavidas entre ellos) saben que él durmió en la habitación de huéspedes y que pudo dejarse el reloj allí. Se limita a pensar que su buscavidas, además de tener una excelente memoria y ser muy observador, tiene indudables conocimientos de medicina empírica, cualidades que por sí mismas bastan para complacerle.

A principios de otoño suena el teléfono del

buscavidas a las cinco de la mañana. Es su rico, que llama desde Nueva York, donde son las once. Pide disculpas por haberle despertado, pero tiene un problema que quizá el oráculo... A nuestro amigo no le sorprende este cambio de actitud: está acostumbrado.

Su rico le explica que esa misma mañana se dispone a comprar un local en la Quinta Avenida para instalar un negocio, pero es una operación muy cara y le gustaría consultar el oráculo antes de tomar una decisión. El buscavidas llevaba durmiendo solamente dos o tres horas y está atontado. No sabe qué responder, pero anota la pregunta en un papel. El apartamento está desordenado y hay periódicos viejos esparcidos por el suelo. Los titulares de uno de ellos dicen: «Invasión de ratas en la Quinta Avenida de Nueva York.» Al cabo de unos minutos, la respuesta del oráculo es:

«Y se hizo la oscuridad y un ejército de ratas invadió la ciudad y todos los descreídos murieron a causa de la peste que ellas habían sembrado...»

«¡Cáspita!», exclama el rico al otro lado del teléfono.

Al anochecer vuelve a llamar desde Nueva York y explica, impresionado, que ha podido saber que los locales y plantas bajas de la zona más elegante de la Quinta Avenida sufren, desde hace algunas semanas, una invasión de ratas al parecer procedentes de algunos locales cerrados y mal aislados del alcantarillado. No hay duda de que el ayuntamiento de la ciudad acabará arreglando el desaguisado pero, mientras tanto, él puede regatear el precio del local que desea comprar. Ya no hay ni asomo de burla en su tono de voz (le van en la operación varios miles de dólares) y se despide invitando a nuestro buscavidas a pasar el invierno en su refugio de alta montaña...

Cómo hacer el oráculo

Por medio del oráculo, además de contestar preguntas, el mago puede pronosticarle a sus consultantes cómo es su personalidad, la tendencia general de sus vidas y los acontecimientos más señalados que les van a suceder, si deben o no cambiar de nombre para mejorar su destino y las indicaciones favorables de cualquier mes. Del mismo modo que saber cosas tan interesantes y concretas como si triunfarán en una determinada actividad o profesión, en qué sectores les conviene invertir, cuáles son las ciudades favorables para hacerlo, personas afines e incompatibles, mejores horas del día, días del mes y meses propicios...

Según la ciencia cabalística de la numerología, en la que se basa nuestro mago, he aquí los números que corresponden a las veintiocho letras del alfabeto español:

1	2	3	4	5	6	7	8	9
A	B	C	D	E	F	G	H	I
J	K	L	LL	M	N	Ñ	O	P
Q	R	S	T	U	V	W	X	Y
Z								

Se cuenta sólo del 1 al 9 porque se descartan todos los números dobles, excepto el 11 y el 22, debido a su fuerte vibración espiritual.

El mago calcula cuatro números fundamentales para su consultante: el *Número Onomástico* (características que la persona ha desarrollado con el uso de su nombre en la vida), el *Número del Sendero de Nacimiento* (tendencia general de la vida de una persona y sucesos importantes de su vida), el *Número del Destino* (indica si el nombre de una persona influye de una manera negativa o positiva en su destino, de modo que tal vez convenga cambiarlo o modificarlo), el *Número Mensual* (indicaciones generales para cualquier mes del año).

Los cuatro números mágicos

Número Onomástico

Se obtiene mediante la transcripción de las letras del nombre de una persona a números, según el esquema cabalístico visto antes. Pongamos que el rico del buscavidas se llama Juan Peral:

J	1	P	9
U	5	E	5
A	1	R	2
N	6	A	1
		L	3
13		20	
o 1+3=4		o 2+0=2	

Al 4 del nombre (siempre hay que reducir los números dobles a simples sumándolos entre ellos y, si es necesario, volviéndolos a sumar, hasta obtener un número simple) se le suma el 2 del apellido, lo cual da 6, que es el Número Onomástico de Juan Peral.

Según la cábala, el número onomástico 6 corresponde a personalidades duales, indecisas, con tendencia al exceso y a caer en tentaciones y de carácter muy raro. El buscavidas hará bien en mantenerse alejado de este Juan Peral, a menos que vea el modo de sacar partido de semejante carácter. Pero sigamos.

Número del Sendero de Nacimiento

Se obtiene por la transformación del día, mes y año de nacimiento en una sola cifra: Juan Peral nació, pongamos por caso, el 15 de enero de 1960, o sea, 15-1-1960, ya que enero es el mes 1. La suma de esos números da 32, un número doble, por lo que deberemos sumar 3 más 2, que es igual a 5, el Número del Sendero de Nacimiento de Juan Peral.

La cábala nos dice que, debido a este número, Juan tendrá muchas experiencias extrañas a lo largo de su vida, a veces difíciles de superar, pese a lo cual, y debido a su fuerte personalidad, acabará venciéndolas y su vida será larga y agradable.

Número del Destino

Se obtiene mediante la suma del Número Onomástico y el Número del Sendero de Nacimiento a una sola cifra: sumamos, pues, el 4 y el 5, lo que da 9. Este número nos descubre que Juan Peral tendrá en definitiva una vida feliz y provechosa, posee gran talento, es admirado por los amigos y disfruta de una excelente reputación.

Pero como el pronóstico de su nombre lo empeora todo, Juan Peral debe cambiar de nombre; por ejemplo, tal vez deba adoptar el de Edmond de Rothschild, cuya bondad está garantizada a juzgar por lo bien que le va a ese señor con su nombre.

Número Mensual

Se obtiene mediante la suma del Número del Destino al dígito de cualquier mes y año. Los números mensuales se deben calcular cada año, ya que varían de uno a otro. Veamos las indicaciones para Juan Peral correspondientes a enero de 1990:

Enero	1
1990 (sumado) . . .	19
Destino	9
	29

Y 9 más 2, igual a 11. Este será su Número Mensual para la fecha requerida. Según la cábala, Juan Peral tendrá un mes de enero de intensa actividad, prepotente, lleno de nuevas aventuras, en el cual el consultante realizará todas o casi todas sus ambiciones.

Si este es el rico del momento en la vida del buscavidas no debe dejarlo, a tenor de lo que revelan los números cabalísticos. Se trata de un poderoso nato, por muy estrafalario que sea su carácter. Que además tenga tendencia al exceso y a caer en tentaciones, como indica su número onomástico, no puede ser más que una bendición para el buscavidas protegido por él.

Otras predicciones

Con lo que sabemos de Juan Peral, es fácil responder a todas sus preguntas. Para saber si debe invertir en inmuebles, basta hallar el número de esta palabra, que es el 7, y como el Número del Destino de Juan es 9, o sea, un número impar, los inmuebles le serán favorables, pues los números impares casan entre ellos, del mismo modo que los pares le son contrarios.

Si pregunta si Nueva York le será favorable para invertir en inmuebles, procedemos de la misma manera. A Nueva York le corresponde el número 8, que es par, por lo que le desaconsejaremos invertir allí. Si se emperra, probemos con New York...

Como a New York le corresponde el número

3, nuestro rico quedará satisfecho e invertirá allí. Si le va bien nos felicitará, y si le va mal le diremos que ya le advertimos que Nueva York le era desfavorable.

Quedaremos como reyes añadiendo que debe invertir en los días 9, 18 y 27 del mes (que le son favorables por ser su Número del Destino y sus múltiplos).

Todo aquello que concuerde con el Número del Destino del consultante es óptimo para él: el 9 en nuestro ejemplo. Las ciudades que den 9, las personas que además de tener un Número del Destino impar, lo que es compatible, tengan 9, etcétera.

Para saber si el domicilio en que vive o en el que va a vivir le es favorable, bastará con reducir el nombre y el número de la calle a una cifra y comprobar también si da 9 o, al menos, es impar.

Para predecirle en qué mes debe tomar las vacaciones para que todo le vaya a pedir de boca, así como qué meses debe desestimar, operaremos de la misma manera. Y si todo ello lo contrastamos con la persona a quien ama, le podremos dar consejos muy sabios y tal vez algunas secretas alegrías.

Para saber si el año 1990 será afortunado para Juan Peral, sumemos las cifras (1 + 9 + 9 + 0 = 19 = 1 + 9 = 10 = 1 + 0 = 1). El número de 1990 es el 1, impar, y por tanto combina con el 9, Número del Destino de Juan, de modo que este año le será favorable en líneas generales. Si hubiera dado 9 podríamos pronosticarle un año muy favorable. Si le hubiera salido una cifra par, le hubiéramos aconsejado paciencia y mucha prudencia en sus decisiones, aunque no tanta que le corte por completo el suministro a su buscavidas, ya que entonces 1990 le podría ir todavía peor.

Las predicciones del oráculo no se hacen deprisa y corriendo como si se tratase de la página de pasatiempos del periódico. Un mago descuidado y chapucero, sin la menor aureola, no es creíble. Giacomo Casanova tomaba todas las preguntas que le hacían sus ricos —que hasta podían ser reyes y aristócratas—, pedía ser encerrado en un gabinete donde nadie le pudiera molestar y permanecía unas cuantas horas trazando pirámides, anotando cifras y haciendo operaciones, hasta que tenía unas cuantas buenas respuestas preparadas. Si la operación resultaba sencilla, él se encargaba de embrollarla, no fueran a creer sus ricos que el oráculo era cosa de niños...

TABLA DEL GRAN MAGO ZOLAR QUE PERMITIRA AL BUSCAVIDAS CONOCER:

LOS NÚMEROS ONOMÁSTICOS

1. Es el número de la creación, del principio, de los primeros impulsos, o de la fuente de energía. El de los líderes e innovadores que gozan de gran popularidad

en la esfera social en que se desenvuelven. Les gusta lo nuevo y excepcional; valientes, no siguen caminos trillados. En el plano inferior de este número son excéntricos, vanidosos, egoístas, dominantes. Si a tu nombre le corresponde este número, debes superar las malas tendencias de tu carácter.

2. De la belleza, la cultura, la verdad, la percepción y el conocimiento. Amigos afectuosos, compañeros agradables, conversadores amenos. En el plano inferior, personas atropelladas, sensibles y quisquillosas.
3. De la iluminación, la integridad y el refinamiento. Benévolos, afectuosos, simpáticos. Cuidadosos de los detalles, idealistas y sacrificados. Es el número de la Santísima Trinidad y hace que las personas sean muy religiosas, intuitivas y magnéticas.
4. De la realización, la seguridad, la protección, la estabilidad y la ambición. Amigos de verdad, mente brillante y gran capacidad inventiva, suelen conseguir sus ambiciones sin importarles los obstáculos. Vida activa y variada, experiencias interesantes.
5. De la incertidumbre, la vacilación, la duda y el desaliento. Propensión a la confusión, inquietud, irritabilidad, impaciencia y mal humor. Dificultad en encontrar compañeros que congenien, desacuerdo

con los demás. Deberán modificar ligeramente su nombre con el fin de que le corresponda otro número.

6. De la personalidad dual, la indecisión, la tentación y el exceso. Carácter raro, no se les comprende fácilmente. Emprenden los caminos fáciles, y son responsables de sus propios fracasos. Sólo la determinación les ayudará a vencer las incertidumbres de este número.
7. De la espiritualidad, el misticismo, la sabiduría y el éxito. Receptivos, estudiosos, creadores e intelectuales. Inteligencia profunda y gusto por las cosas hermosas de la vida. Buenos amigos, trabajadores estimables y socios ideales.
8. De la justicia, la evolución, la fuerza, la inspiración y el genio. Fuerte personalidad, gran magnetismo, obstinados, independientes, progresivos, intuitivos, ingenuos y honrados en sus asuntos. La vibración número 8 es muy fuerte y difícil de dominar. Activos, desean cambiar a menudo de ambiente y escenario.
9. De la dominación, la eficiencia, la psique, la conciencia, el humanitarismo y la energía renovada. Listos, activos, filosóficos e intuitivos. Casta de profetas, mente telepática excepcional. Imaginación fértil, ideas elevadas, gran habilidad poética o artística. Muy serios y agradables, aunque raros y antojadizos. Refinados, amables, simpáticos y de buen talante. Hacen

amigos con facilidad y resuelven los problemas de los demás.

11. Del poder, el valor, el éxito, la aventura, el impulso y la energía. Profundos pensadores y aficionados a las aventuras apasionantes. Número de influencia tan poderosa que las personas se ven sumidas a menudo en profunda confusión debido a contradicciones, simpatías y antipatías. La inquietud de este número sólo se puede dominar con claridad de pensamiento, determinación y concentración.
22. De la irreflexión, el error, la precipitación, la inconstancia. Los que tengan este número deben dominar la tendencia a criticar, la intranquilidad y el atolondramiento. Puede que sea buena idea cambiar de nombre.

LOS NÚMEROS DEL SENDERO DE NACIMIENTO

1. Si éste es tu Número del Sendero de Nacimiento tendrás numerosas experiencias extrañas. Pasarás por la vida imponiendo tus propias convicciones y realizando tus propias ideas.
2. Tienes la impresión de caminar en círculo, de que ciertas experiencias se repiten a intervalos regulares. Con autodominio, llevarás una vida interesante y provechosa.
3. Disfrutarás de las mejores cosas de la

vida, viajarás mucho y tu vida será alegre y afortunada.

4. Tendrás amigos leales y cierta relevancia en los negocios o en el mundo profesional.
5. Experiencias extrañas, a veces difíciles de superar. Acabarás venciéndolas debido a tu fuerte personalidad.
6. Propensión a ser descuidado en todo, así como en tu salud y bienestar. Sólo conseguirás triunfar a base de perseverancia y firmeza en tus proyectos. Vida variable pero afortunada.
7. Emprenderás grandes empresas con éxito. Dueño de tu propio destino, tu vida será excepcionalmente afortunada.
8. Vida activa, pero no siempre pacífica. Ambiciones nuevas te impulsan siempre hacia adelante. Frecuentes explosiones de mal humor que alterarán el curso de tu vida. Tu carrera será arriesgada.
9. Viajarás frecuentemente, emprenderás negocios singulares y profesiones extrañas. Interés por la literatura, arte, música y teatro. Vida sugerente.

11. Te embarcarás en muchas aventuras arriesgadas. Superarás los obstáculos sólo a base de voluntad. Vida esforzada.

22. Te crearás tú mismo muchas dificultades. Posibles pérdidas por tu mala cabeza o por socios de poco fiar. Aprende a discurrir y a actuar con discreción. Practica el autodominio.

LOS NÚMEROS DEL DESTINO

1. Gran éxito en tus esfuerzos. Te lo deberás casi todo a ti mismo.
2. Muchos altibajos en la vida, pero con la ayuda de parientes y amigos lograrás triunfar. Tendrás dinero si empleas todas tus facultades.
3. Muchas experiencias afortunadas. Tendrás lo mejor de la vida y lograrás realizar tus ambiciones.
4. Vida provechosa, éxitos financieros y honores. Elige cuidadosamente tu profesión, y adelante. Adquirirás tierras.
5. Muchos obstáculos en tu camino. Guárdate de posibles accidentes y no confíes en los extranjeros. Experiencias agradables y también descorazonadoras.
6. No te dejes llevar por tus impulsos, controla tus emociones y aprovecha lo mejor posible tus oportunidades, pues las dejas pasar. Tendrás éxito si estás atento y eres laborioso.
7. Alcanzarás cierta preponderancia en la vida, viajarás extensamente y te granjearás muchos amigos.
8. Tropezarás a menudo con dificultades económicas, pero las superarás todas con experiencia e ingenio. Vida muy activa.
9. Gran talento, admirado por los amigos y con excelente reputación. Vida feliz y provechosa.
11. Vida muy activa, éxito en empresas de en-

vergadura, gran preeminencia en tu esfera. Dominarás tu propio destino y te crearás tu propia fortuna.

12. Dominarán tu vida las más bajas cualidades si no te esfuerzas por cambiarlas. Evita los proyectos y empresas dudosos. Sé prudente y domina tu mal humor.

LOS NÚMEROS MENSUALES

1. Mes apropiado para hacer y empezar cosas, realizar viajes, pedir favores y emprender nuevos negocios. Es también buena ocasión para comprar, contratar a alguien, buscar otro trabajo y hacer cambios.
2. Variadas experiencias y cambios inesperados. Si no estás casado es posible que lo hagas. Muchas discusiones y ruptura de amistades si no te esfuerzas por controlar la situación. Piensa mucho las cosas, habla poco. Cuida tu salud y evita disputas.
3. Ideal para realizar planes, hacer cambios, viajar, manejar finanzas, negociar y resolver asuntos profesionales. Posibilidad de cambios importantes y beneficiosos en tu vida doméstica o personal.
4. Bueno para intentar completar tareas no terminadas, esforzarte por alcanzar tus ambiciones, negociar con tierras, propiedades y asuntos financieros y atraerte a

las personas. Con decisión y sentido común, tendrás éxito este mes.

5. Precaución en todo lo que se emprenda. Guárdate de incendios, accidentes, quiebras, calumnias, escándalos, prodigalidades y explosiones de mal humor. Cuida tu salud y no te arriesgues ni pongas en peligro. Quizá te llegue alguna noticia dolorosa, pero no te alarmes. Evita pleitos, la fatiga general y la pérdida de amigos.
6. Casi todo depende de tu propia iniciativa, en tus manos está que este mes te resulte provechoso. Algún trastorno en tus asuntos domésticos y pequeños retrasos en la ejecución de tus planes. Ten sosiego, domina tu genio y cuida tu salud.
7. Promete excelentes resultados. Guíate por tus corazonadas y presentimientos. Buena época para leer, estudiar, investigar; para proyectar planes, hacer viajes e iniciar nuevas empresas, buscar otro trabajo, comprar, vender e invertir. Nuevos amigos y experiencias agradables.
8. Cambios radicales, nuevas ambiciones y progresos. Entusiasmo. Trato con personas importantes, viajes, asuntos financieros importantes y relevancia de los intereses materiales. Evita prisas excesivas, no fuerces la marcha de los negocios, guárdate de accidentes, incendios y daños menores.
9. Mes de suma importancia. Oportunidad de rematar asuntos pendientes. Nuevas

esperanzas y ambiciones, pero ten cuidado. Desarrolla tu personalidad y energía.

11. Intensa actividad. Descubrirás que eres más fuerte y poderoso de lo que creías y podrás vencer obstáculos más fácilmente. Mes prepotente, nuevas aventuras, realización de ambiciones de manera parcial o completa.
22. Ten cuidado. Evita las influencias negativas, prodigalidades, riesgos, tentaciones, quiebras y disputas sobre cuestiones jurídicas. Domina tus emociones y tu genio. Cuida tu salud y no corras riesgos ni peligros. Impulsividad y atropellamiento.

TEST

El buscavidas dispone de un verdadero arsenal de *tests* para llenar las horas muertas que se producen hasta en las mejores mansiones, cuando no es momento de deportes, partidas de naipes o fiestas.

Su preferido es el *test* del barquero porque parece muy inocente pero es tremendamente revelador del carácter de la persona. Permite tratar con naturalidad cuestiones espinosas, aconsejar y cantarle unas cuantas verdades al testado.

El *test* del barquero

El *test* del barquero tiene por objeto establecer la jerarquía de valores que rige la conducta del que se somete a él. Este *test* está estudiado científicamente y es muy fiable, y si además el que lo propone sabe interpretarlo a partir de lo que conoce de la persona «testada», los resultados son espectaculares.

Esquema

En una hoja de papel el buscavidas traza el siguiente dibujo:

Beatriz

Los nombres de los personajes están escogidos al azar y pueden utilizarse los que se deseen en cada momento. Hemos escrito pareja de amigos y señora anciana, pero por lo general también se les ponen nombres propios a esos personajes para no discriminarlos.

Beatriz es una joven que vive en la ciudad y de vez en cuando se acuerda de Mario, su inseparable compañero de juegos durante los veranos adolescentes en el campo. Se pregunta a menudo qué habrá sido de él.

Una tarde, Beatriz sale de compras y ve a Mario entre la multitud del centro comercial. Se ha convertido en un hombre atractivo. Beatriz le llama, pero él no la oye y desaparece entre el gentío.

La chica está ahora convencida de estar enamorada de Mario y consigue hacerse con su nueva dirección. Se trata de una casa en el campo bastante alejada; para llegar a ella Beatriz necesita tomar el tren, pasar un gran río en barca y luego andar unos cuantos kilómetros a través de un bosque.

Los amigos

Confusa, va a ver a sus amigos del alma, una joven pareja. Les cuenta su necesidad de ver a Mario y la dificultad de llegar hasta él, pues no tiene coche. La pareja de amigos tiene sus propios problemas y no le hace mucho caso, ni se ofrece a llevarla a casa de Mario. Le aconseja bondadosa pero distraídamente que si cree estar enamorada de su antiguo compañero de juegos lo mejor es que vaya a visitarle.

Mario

Impulsiva, Beatriz lo hace así y, después de un largo y accidentado viaje, llama a la puerta del domicilio de Mario. Este le abre pero no la reconoce: ella también se ha convertido en una mujer muy atractiva. Cuando advierte su error, la hace pasar. Se cuentan sus vidas respectivas, escuchan música, toman unas copas y después se entregan a mayores placeres.

Al anochecer, Mario le ruega a su amiga que se marche para evitarle disgustos con sus padres, que están a punto de llegar y no les parecería bien la situación, a pesar de que la conocen desde niña. Toma la dirección de ella y promete llamarla y verla en la ciudad. Beatriz sale de la casa y en ese momento comienza a llover.

El barquero

Cuando llega al embarcadero, es ya de noche y llueve cada vez más fuerte. El barquero duerme, solitario y algo achispado, en su garita de madera. Beatriz aporrea la puerta y le pide al barquero que la lleve al otro lado del río, donde quizá aún pueda coger el último tren a la ciudad. El barquero se niega alegando que estaba ya durmiendo, que tiene prohibido continuar el servicio después de las diez de la noche y que, además, es peligroso cruzar el río porque con la lluvia baja muy turbulento.

La señora anciana

En su apuro extremo, Beatriz recuerda que algunos kilómetros al sur de la casa de Mario vive sola una señora ya mayor, amiga de su madre. Echa a andar hacia allí, los kilómetros se hacen interminables, cada vez se encuentra más cansada y tose más. Llega por fin a casa de la señora y llama. Esta tarda en abrir y lo hace sin descorrer la cadena de seguridad. Cuando Beatriz le cuenta su peripecia, la señora se indigna. Reprocha a la joven que la moleste a altas horas de la madrugada, después de haber estado con un amigo: cree que lo lógico es que sea él quien la acoja y se niega a darle hospitalidad.

Desesperada, Beatriz se dirige de nuevo hacia el barquero con la esperanza de que haga algo por ella, pero a mitad de camino cae sin vida en plena campiña, víctima de una pulmonía fulminante.

¿Quién es más responsable?

La persona que hace el *test* debe establecer la responsabilidad de cada uno de los personajes en esta accidental, pero dramática historia, por orden de más a menos, incluida Beatriz.

Una vez establecida la lista, ésta se interpreta teniendo en cuenta que cada personaje de la historia corresponde a un valor:

- Beatriz: El amor.
- Mario: El sentido del deber.

- Los amigos: La amistad.
- El barquero: El egoísmo.
- La anciana señora: La moral común.

Cómo interpretar los resultados

Pongamos por caso que nuestro rico ha hecho la siguiente lista:

1. Mario.
2. La señora.
3. El barquero.
4. Amigos.
5. Beatriz.

Su escala de valores será la siguiente:

1. Sentido del deber.
2. Moral común.
3. Egoísmo.
4. Amistad.
5. Amor.

Se trata de una persona a la cual los sentimientos, situados en último lugar, no le apartan jamás de su deber cuando ambas cosas pueden entrar en colisión. Es raro que ante la posibilidad de una conquista o cuando un amigo se lo pide, abandone sus deberes. Tener la moral común o prejuicios en segundo lugar evidencia que a esta persona nunca le ha gustado romper las convenciones. Puede que haya sabido bordearlas, no ser una prisionera de tabúes y prejuicios, pero en ningún caso se trata de una persona «rompedora».

El egoísmo en tercer lugar podría significar el mínimo necesario para poder sobrevivir, pero unido a los anteriores valores se refuerza y nos da un personaje rígido, frío e interesado, con el campo de los afectos relegado a un lugar muy secundario.

Si no queremos romper con nuestro rico por causa de un *test* de sobremesa, por muy bueno y científico que éste sea, debemos ayudarnos de lo que sabemos del personaje para afinar en la interpretación.

Puede ser que su sentido del deber le imponga grandes sacrificios personales, sobre todo en lo que se refiere a las personas que dependen de él (familia, empleados...), en cuyo caso tendremos que valorar el egoísmo a la baja, tomándolo como indicativo del mínimo impulso de supervivencia, ya que además no está ni en primer ni segundo lugar.

El respeto de la moral común puede venir determinado por una educación muy rígida: debemos valorar si el sujeto es tolerante con otras personas más anticonvencionales, si es víctima, más que verdugo, de este sometimiento a los prejuicios imperantes, si es capaz de romper las convenciones cuando la situación lo requiere de verdad, etcétera.

Respecto a la amistad y el amor, debemos examinar así mismo si se trata de un monstruo sin corazón o más bien de alguien que ha sufrido muchos golpes y desengaños en el terreno sentimental y traiciones por parte de falsos amigos. Está claro que alguien que no se sorprende de la actitud de los amigos de la protagonista del relato es que tiene en poco la amistad. Las personas que hacen un culto de la amistad suelen reaccionar en contra muy vivamente en este caso, pues el que hace el *test* debe subrayar que se trata de los amigos más íntimos de Beatriz.

De la misma manera, quien culpa antes a una anciana señora de mentalidad conservadora que a la propia Beatriz, a los amigos o a Mario, incurre en una valoración que tiene sus especiales consecuencias.

Por otra parte, exigir al barquero que haga lo que no tiene por qué hacer es una actitud egoísta por parte de Beatriz (no por parte del barquero), y la escena recuerda a la que suele verse, por ejemplo, en un banco, donde un cliente exige insistentemente ser atendido una vez pasada la hora de cierre, sin ninguna consideración por los demás.

Responsabilizar al barquero revela nuestro egoísmo, que será mayor o menor según el lugar de la lista en que lo coloquemos. No responsabilizar a Beatriz de sus actos equivale a no creer en la fuerza actuante del amor y, finalmente, hay que reconocer que sólo por sentido del deber hacia Mario tendría que haber discutido con sus padres, pues él no llamó a la chica, y lo único que hizo fue elegir entre unas personas que le importaban mucho y otra que le importaba menos.

Pero lo más revelador de este *test* es que casi nadie acepta de buen grado sus resultados. El modo en que lo quieren manipular nos dirá mucho sobre la psicología de las personas: en el ejemplo que nos ocupa tal vez nos digan que tienen en mucho la amistad «pero que es muy difícil encontrar amigos verdaderos», lo cual explica por qué tienen estas personas la amistad tan en último lugar... Así se lo haremos ver. Respecto de la moral común tal vez nos argumenten que se trata de «educación» y no de prejuicios sociales... Recuerde aquello de que «todo lo que usted diga podrá ser usado en su contra» y utilícelo para completar su interpretación del *test*.

Al hacer este *test* debemos huir de cualquier moralismo o de valoraciones positivas o negativas, ya que un *test* dominado por los sentimientos y con escaso sentido del deber, e incluso con un egoísmo en último lugar, puede tener un pronóstico catastrófico: el de la persona juguete de sus sentimientos e incapaz de gobernar su vida. Esta afirmación aliviará mucho a nuestro rico, al que nunca haremos quedar en mal lugar, sea cual sea su *test*, pues se trata de pasar un rato entre bromas y veras, y no de condenar.

Tanto es así, que si nos interesa quedar muy bien con nuestro rico podemos interpretar su *test* del siguiente modo:

«Magnífico sentido del deber, respeto sensatísimo a las normas que rigen nuestra sociedad, egoísmo situado en el punto adecuado de equilibrio y justa desconfianza del irracionalismo sentimental...»

¡LOS DIOSES NOS PERDONARÁN ESTA PEQUEÑA LICENCIA!

IV. Ellos lo hicieron y hoy son admirados

Muchos personajes célebres fueron notorios buscavidas que se valieron de su brillante ingenio para vivir por encima de sus posibilidades. Ninguno de ellos nació millonario y desde muy jóvenes se propusieron corregir tan garrafal fallo del destino.

Antes de escribir una sola palabra, Oscar Wilde era ya una figura destacada de los salones ingleses gracias a su chispeante verborrea. Casanova se apresuró a olvidar la miseria de su infancia convirtiéndose en el mayor liante de todos los tiempos. Por su parte, el catalán Domingo Badia decidió que el oficio de príncipe oriental le cuadraba mejor que el de mero chupatintas que le reservaba su progenitor, mientras que el científico sueco Linneo no dudó en comprar un diploma de médico en el mercado negro para poder casarse con su novia.

En fin, los que vieron el film de Stanley Kubrik ya saben qué partido le sacó Barry Lyndon a sus encantos, amén de la simpática habilidad de Franz Schubert para vivir a costa de los demás.

Ellos deben constituir nuestra guía espiritual y servirnos de ejemplo en momentos de despiste en que estemos a punto de cometer errores irreparables, tales como:

Casarnos con un divorciado/a en paro con cuatro hijos a su cargo.

Aceptar un empleo de jornada completa por el salario mínimo interprofesional.

Hacer de «negro» de un autor pagadísimo por cuatro cuartos.

Muchas otras actividades similares que la sociedad califica de «honradas».

Tomen mis lectores buena nota de los diversos métodos usados por los que vivieron por encima de sus posibilidades y hoy son admirados. Pues de ellos es el reino de los cielos, ya que no se conformarían con llevar después de muertos un nivel de vida inferior al que llevaron en la tierra.

EXIGENTE

«Tomemos los placeres que pasan a nuestro alcance en estos días fugaces; pues la noche viene y el silencio que nada podrá romper.»

Amparado en frases como la que acaban de leer, Oscar Wilde se las apañó para vivir los seis últimos años de su vida a costa de su ex mujer y de sus amigos, siendo joven todavía pero sin mucho interés en ganar dinero por sí mismo. Naturalmente, exigía puntualidad en los pagos y, como correspondía a su rango de autor célebre, gastaba ese dinero en espléndidas comidas, en las que abundaban las ostras y el champán francés, rodeado de alegres compañías preferentemente masculinas.

La pobreza era lo único capaz de nublar su carácter risueño, cosa harto comprensible. Fue autor de la preciosa frase:

MUERO COMO HE VIVIDO, MUY POR ENCIMA DE MIS RECURSOS.

AVENTURERO

Alí-Bey el Abassi, descendiente de Mahoma, teólogo del Islam, doctor en árabe y jeque, se llamaba en realidad Domingo Badia y nació en Barcelona —ciudad donde tiene una calle con su nombre— el 1 de abril de 1769. Hijo de un probo funcionario, Badia empezó muy joven a trabajar también como funcionario, pero en realidad prefería ser un gran señor musulmán.

Aprendió árabe y se instruyó en la religión mahometana con la única ayuda de un *Corán*. Para llevar a cabo sus planes convenció al mismísimo Godoy, a la sazón ministro y favorito del rey Carlos IV, para que le confiase una misión de espionaje disfrazada de expedición científica a Marruecos, con el secreto objetivo de arrebatarle el país a Muley Solimán.

El 29 de junio de 1803 Domingo Badía desembarcó en Tánger, donde se presentó a las autoridades en calidad de príncipe. Bajo esta atractiva apariencia visitó Fez y otras ciudades y se codeó con la crema de la aristocracia musulmana.

Durante cinco años Alí-Bey recibió de Godoy importantes ayudas económicas que le permitieron cumplir su sueño de vivir como un gran señor, a cambio de informaciones geopolíticas, tan interesantes como inútiles.

En 1807, Alí-Bey consiguió llegar a La Meca, siendo seguramente el primer cristiano que haya penetrado en el recinto sagrado de los mahometanos. Viajó después a El Cairo, Siria, Tierra

Santa y Constantinopla, siempre a costa del dinero público para gastos reservados.

Tras este primer viaje fabuloso, Alí-Bey volvió a la corte española al servicio de José Napoleón, al que siguió a Francia. En ese país, nuestro «príncipe» publicó un libro titulado *Voyages d'Ali-Bey en Afrique et en Asie...*, supuestamente escrito en árabe y que fue traducido al castellano, alemán, italiano y catalán, que le dio un gran prestigio entre los geógrafos de su tiempo.

GASTADOR

El prolífico y famoso escritor francés Honoré de Balzac vivió siempre muy por encima de sus posibilidades sin reparar en gastos. Con sus obras ganó verdaderas fortunas, pero como no le bastaban se especializó en el arte del sablazo, en el que era un fino estilista.

Balzac debía dinero a todos sus amigos ricos, pero también a su madre, a su médico de cabecera, a la portera, al jardinero, al lavandero, al carnicero y hasta a un guarda forestal.

Clasificaba sus deudas en «Olvidos» y «Deudas tranquilas» y así no tenía que cancelarlas, pues, como él mismo decía: «Todo aquel dinero que se paga a los acreedores es dinero perdido para la felicidad.» En efecto, Balzac prefería gastarlo en aquellos bastones con incrustaciones de piedras preciosas que le hicieron notorio entre la buena sociedad francesa del siglo XIX, relojes de oro, cocheros con librea, muebles antiguos, vajillas finas y guantes amarillos. También sus amantes tuvieron el honor de contribuir a su bienestar material y él las compensaba generosamente con originales y pruebas de imprenta encuadernadas de sus múltiples e interesantes novelas.

Pero como algunos acreedores se empeñaban en que les devolviese lo prestado más intereses, e incluso no vacilaban en enviarle a la Guardia Nacional a su casa con órdenes de desahucio, Balzac tuvo toda su vida la precaución de mantener sus domicilios en secreto y hacerse mandar la correspondencia a nombre de inexistentes viudas, aunque algunos eran tan recalcitrantes que al final Balzac no tuvo más remedio que tomar un apartamento con dos salidas, modelo buscavidas clásico. Así, si se presentaba algún ominoso alguacil por la entrada principal, el escritor podía salir por la trasera, que daba a un sendero escarpado y misterioso.

En realidad, Balzac se formó trabajando en el despacho de un procurador: allí vio cómo se timaba a la gente honrada y triunfaban los estafadores, con el beneplácito de la Justicia; de modo que el joven Balzac aprendió que no se va a ningún sitio trabajando como un mulo y ahorrando para los nietos.

Un buen matrimonio con una rica condesa terrateniente de origen polaco le resolvió definitivamente todos sus problemas afectivos y de liquidez, aunque una muerte molesta y prematura no le dio tiempo a gastárselo todo como él hubiera querido. Descanse en paz.

EJEMPLAR

Amaba, era amado, tenía buena salud, mucho dinero, lo prodigaba para mi placer y era feliz.

G. CASANOVA, *Memorias*

Giacomo Casanova es el príncipe de los buscavidas y sus memorias en cinco gruesos volúmenes son lectura obligada para todos aquellos que deseen aprender el difícil arte de vivir por encima de sus posibilidades.

Durante dos siglos, la sociedad puritana ha pretendido rabajarle considerándole tan sólo un insaciable y desvergonzado donjuán, con ribetes de estafador, espía, tahúr, impostor y varias lindezas más, que en 1990 hacen sonreír a cualquiera que sepa cómo las gastan los «tiburones» modernos, de cuyas andanzas nos dan buena cuenta las revistas del corazón y las finanzas y los escandalosos reportajes del periodista alemán Gunther Wallraff en su libro *Cabeza de turco.*

Casanova nació en Venecia en 1725, hijo de un matrimonio de comediantes de vida azarosa que no tuvieron tiempo de ocuparse lo más mínimo de él, pero que le legaron unas espléndidas y utilísimas dotes de actor. Como muchos desgraciados de su época, el joven Casanova intentó hacer fortuna como militar y como eclesiástico, pero la disciplina castrense y la castidad sacerdotal no estaban hechas para él y acabó decidiéndose por la más adecuada profesión de buscavidas.

Para triunfar en esa hermosa profesión se había preparado a conciencia, lo que desmiente el tópico de que los buscavidas son gentes de mal vivir sin oficio ni beneficio. Nada de eso. Hasta sus detractores más feroces reconocen que Casanova, además de doctorarse en Leyes a los dieciséis o diecisiete años en Padua, sabía lenguas (griego, latín, francés, hebreo, español e inglés); matemáticas, geología, química, alquimia, medicina, historia y literatura, conocimientos que cultivó en numerosos ensayos y composición de poemas. Completó esta amplia cultura clásica con saberes prácticos como la esgrima, la astrología y la cábala, el baile de salón y los juegos de naipes en todas sus modalidades, que le habían de ser muy útiles en una sociedad que solventaba sus querellas a golpe de florete, que consultaba los astros para saber en qué invertir y hasta para curarse los granos de la cara, que bailaba frenéticamente y que dilapidaba grandes sumas de dinero en las mesas de juego por falta de bienes de consumo, en los que tan cómoda-

mente gastan hoy los ricos sus riquezas. Y se hizo masón, que entonces era como afiliarse a un partido político influyente en lo tocante a apoyos sociales, recomendaciones, chollos y prebendas.

Casanova comenzó su fructífera carrera cuando, con poco más de veinte años, salvó a un patricio veneciano, el senador Bragadin, de morir a manos de su médico y se ganó su favor (que es como se llama a ser mantenido). El buen caballero ya no quiso otro médico de cabecera a su lado. Ni a otro mago..., pues aunque Casanova sólo creía en la razón, no tenía ningún inconveniente en complacer a las gentes supersticiosas.

Pero Venecia se le hacía pequeña al joven y emprendedor Casanova y pronto necesitó de toda Europa para sus negocios, algo que comprende muy bien cualquier empresario moderno. En París, Casanova se hizo rico vendiéndole a Luis XV el sistema italiano de la lotería e instaló así mismo una industria sedera que, si más no, le sirvió al menos para entretenerse y para hacer íntimamente felices a sus veinte jóvenes obreras. Más tarde, trabajó como consejero del Gobierno español para el asunto de la repoblación de Sierra Morena con suizos católicos (!), por citar sólo algunos ejemplos de su incesante y polifacética actividad, que desmienten que Casanova fuera un fullero que vivía de los embrollos y del juego, aunque es cierto que cultivó esta última actividad como fuente de recursos, y hay que decir que sólo en momentos de apuro extremo jugaba con martingala o asociándose con tahúres profesionales.

En muchas ocasiones, Casanova hubiera podido establecerse para siempre, asegurando su fortuna, y vivir como un gran señor rodeado de esposa e hijos, pero hubiera supuesto dejar de vivir como un perfecto buscavidas, o sea, libre.

CIGARRA

El maravilloso músico vienés Franz Schubert vivió solamente treinta y un años, pero se las ingenió para vivirlos todos en casa ajena, fuera en la de su padre, las de sus numerosos amigos o invitado por gente importante que admiraba su música.

Sólo durante uno o dos breves períodos Schubert tuvo vivienda propia, pero le era mucho más cómodo vivir en la de los demás.

También encontraba el modo de pasar las vacaciones a costa de otros, en lugares encantadores, y pagaba esa hospitalidad con animadas veladas musicales que se llamaban «schubertiadas». Schubert repartía su tiempo entre las mansiones de amigos ricos y las alegres cervecerías vienesas, donde frecuentemente permanecía charlando y bebiendo hasta la madrugada.

El motivo de que el célebre compositor no tuviera los ingresos suficientes que le permitieran adquirir o alquilar una vivienda propia y proveer a su manutención es que estaba muy atareado escribiendo música que no tenía el menor éxito económico.

Como todos los personajes que nos ocupan,

Schubert era un tipo simpático y juerguista, que se hacía perdonar su evidente gorronería regalando a manos llenos preciosas canciones, que por otra parte no le costaban ni un duro, pues había logrado incluso que le pagaran el papel pautado.

¿Se acuerdan de la cigarra de la fábula? Las hormigas hacen muy mal cuando se niegan a recogerla en invierno, dejándola morir de hambre y frío. La verdad es que las cigarras sólo pueden hacer una cosa a un tiempo: o nos deleitan con su canto o se dedican a acumular víveres para

el invierno. Así lo comprendieron los contemporáneos de Franz Schubert y por eso le mantuvieron durante toda su vida, que por otra parte fue muy corta, como hemos visto.

También es cierto que sus protectores le dieron lo justo a la cigarra para que no se muriese de inanición y pudiera seguir distrayéndoles con su canto, pero en definitiva Schubert hubiera sido aún más pobre si encima hubiera tenido que mantenerse.

MANITAS

Elmyr de Hory era tan bueno pintando que no había ninguna diferencia entre sus obras y las de Modigliani, Picasso, Matisse o Van Gogh. Al menos, así lo certificaban los peritos artísticos siempre que se encontraban ante una pintura suya. Y su mayor mérito es que no se limitaba a copiar pinturas ya existentes, como un vulgar falsificador, sino que su fértil imaginación y su depurada técnica daban lugar a nuevas creaciones de esos famosos pintores.

Por otra parte, De Hory casi nunca firmaba sus obras, de modo que la acusación de fraude no se tiene en pie. Que luego marchantes sin escrúpulos añadieran la firma de los citados pintores a las telas de Elmyr, ganando de ese modo enormes sumas de dinero, es muy otra cosa.

Millones aparte, Elmyr de Hory se proponía demostrar que el negocio del arte se sustenta en la opinión de unos expertos a los que es fácil confundir y, además, comprendió que no hay bastantes Modiglianis y Picassos en todo el mundo para los que aman la pintura. El los hizo tan felices que hoy se parecen a esos padres adoptivos que confiesan: «La criatura no es nuestra pero la queremos tanto como si lo fuera.» Y también: «Mi Van Gogh de Elmyr es divino.»

Sea como sea, los expertos están de acuerdo en afirmar que nuestro hombre se cuenta entre los grandes especialistas en pintar a la manera de otros pintores, tal como David Stein o Van Megeenen, y por eso cuando la Policía española lo detuvo en 1968 en su cómoda mansión de Ibiza tuvo que contentarse con hacerle una acusación tan ridícula como la de... «VIDA LICENCIOSA».

V. Armas del buscavidas

En este capítulo presentamos un amplio abanico de posibilidades que se le ofrecen al buscavidas para montárselo por el morro. Todos los trucos han sido puestos en práctica por buscavidas profesionales y su efectividad está garantizada. Algunos de ellos parecen absurdos, y de hecho lo son, pero funcionan. Otros resultan de una simplicidad tonta, pero no debe olvidarse que los grandes negocios y los grandes inventos están basados a menudo en ideas muy sencillas. Otros pueden parecer complicados, y en realidad lo son tanto que constituyen un desafío para nuestro ingenio. La oferta es tan amplia que cada buscavidas debe escoger los que más le convengan, aunque lo más aconsejable es ponerlos todos en práctica.

VIAJES

Aunque los biólogos no se ponen de acuerdo sobre el motivo, lo cierto es que los buscavidas necesitan viajar para mantener su buen aspecto, de lo contrario empiezan a ponerse amarillentos y alicaídos, engordan hasta ponerse fofos, y finalmente no se distinguen ya del común de los mortales.

Por eso el buscavidas emplea una exagerada cantidad de energía en trasladarse a cualquier lugar en cualquier medio de transporte, preferiblemente a los mejores lugares por el medio más confortable.

Si usted conoce a un buscavidas, o sospecha que lo es, que no está yéndose a alguna parte o regresando, entonces no es un buscavidas sino sólo un vulgar suplantador.

Al verdadero le reconocerá fácilmente

— Porque a juzgar por sus ropas, su piel y sus cabellos, tiene el aire de haber sido abandonado durante una larga temporada en una playa desierta y no haberlo pasado mal

— Porque jamás lleva esas ridículas colecciones de maletas y maletitas a juego de las que usan nueve de cada diez estrellas y de las que tan satisfechos estamos, sino un surtido de bolsas de viaje de materiales resistentes como la lona militar o el cuero, descoloridas, recosidas y reforzadas con correas

— Porque nunca viaja con reserva o en grupos organizados, pero siempre encuentra billete y a precios más ventajosos, aunque tenga que ir a Oslo para aterrizar en Atenas

— Porque cambia las divisas en el mercado negro, donde le dan más por su dinero

— Porque viaja gratis con una frecuencia irritante.

Avión

Es el sistema de transporte que utiliza el buscavidas cuando puede. Pero él no lo llama avión, sino *apex, apex midweek, abc, abc reducida, stand by, mini-Iberia, fin de semana* o *air pass* Por ejemplo, cuando dice «Tomé un *stand by* para Los Angeles» quiere decir que compró un billete sin reserva y se pasó doce horas en la lista de espera.

Las compañías aéreas están empeñadas en

una batalla tan encarnizada por robarles pasajeros a las demás por medio de todo tipo de tarifas reducidas, que es un milagro que todavía haya gente que pague un billete normal. Lo que pasa es que el sistema de tarifas es un laberinto tan inextricable que sólo pueden moverse en él con soltura los buscavidas avezados, ya que ellos disponen de todo el tiempo libre para estudiarlo.

(Véase nuestra guía, tal vez le sirva de algo.)

Millas

Mucha gente no sabe que cada tarifa da derecho a un número tope de millas. Estudiando bien el sistema de tarifas se pueden hacer milagros. Por ejemplo, buscar un *punto ficticio* que nos dé el máximo de millas. Como ocurre por ejemplo con Antofagasta —ciudad a la que por supuesto no queremos ir— para los viajes a Sudamérica. Con el truco de Antofagasta se pueden recorrer muchas más millas y hacer más paradas intermedias por el mismo precio. Y con desvíos interesantes. Haga trabajar duro a su agente de viajes en la búsqueda de su *punto ficticio.* Lo encontrará.

Hay ciudades a las que no se puede viajar con tarifa reducida. La solución es pedir un destino algo más lejano que sí admita tarifa reducida y hacer una parada intermedia precisamente en la ciudad que no tiene reducción pero que es la que nos interesa.

Hay también ciertos billetes que dan derecho

a hacer paradas intermedias por un plus mínimo. No haga, por ejemplo, el trayecto Barcelona-París directo cuando puede hacer la ruta Barcelona-Niza-Ginebra-París-Barcelona por un poco más y a usted le va de perlas parar en algunas de esas ciudades.

Overbooking

Muchas compañías aéreas (por no decir todas) recurren en épocas de saturación a la fea práctica del *overbooking,* o sea ofrecer entre un 10 y un 15 por ciento más de plazas de las que en realidad existen, con el objeto de despegar con el mayor número de pasajeros a bordo. Y a veces se encuentran con que se presentan más pasajeros de los que caben en un avión.

Como dicha práctica está prohibida, no acepte jamás ningún tipo de excusa para dejarle en tierra. Insista y exija, grite y alborote, pues con un billete cerrado usted tiene absoluto derecho a embarcar.

El truco que emplean las compañías para dejarnos en tierra es el de entretenernos para que lleguemos tarde al *check in* y poder decirnos luego que ya se ha cerrado el tiempo límite para hacer la facturación del equipaje y para canjear el cupón por la tarjeta de embarque. No se deje timar miserablemente. Si se huele que hay *overbooking* reclame a voces en la cola para que quede muy claro que tiene reserva y quc usted estaba allí puntual, así nadie podrá decirle que ha llegado tarde ni nada por el estilo. Póngales en evidencia cuando sea necesario. Si no surte efecto, amenace con denunciarles, pida incluso un avión para usted solo... Conseguirá subir al avión. Sólo los tímidos se resignan.

Bultos

Cada kilo de más en el equipaje se paga a una tarifa equivalente al 1 por ciento del precio del billete de primera clase (!).

Si lleva dos maletas o bultos de mano que pesan más de veinte kilos en plaza turista, y de treinta en primera clase, y miden más de 1,02 metros de altura, anchura y profundidad, evite enseñarlos cuando facture las maletas; déjeselos un momento a cualquier compañero de viaje o guárdelos en consigna. Intente conversar con alguna de las personas que hacen el *check in* o facturación con usted; a lo mejor encuentra a alguna que va con una simple cartera de trabajo. Pídale hacer el *check in* juntos, hágale cargar con uno de sus engorrosos bultos e invítele luego a una buena copa: siempre le saldrá mucho más barato que las tarifas de las compañías aéreas.

Robos

Sepa usted que algunos maleteros de los aeropuertos de Roma, Londres, Amsterdam, Milán, Charles de Gaulle de París y Dios sabe cuántos más, están organizados en un *gang* o sindicato del robo que se dedica a abrir las maletas facturadas, sacar de ellas los objetos de valor y revenderlos en Londres. Tienen juegos de llaves de las marcas más conocidas como Samsonite, Louis Vuitton, Gucci, etcétera.

La única solución es poner correas alrededor de las maletas y cerrarlas con candados. Es un truco muy eficaz, pues los cacos de aeropuerto no tienen tiempo de destripar cerrojos.

Ahora entenderá por qué los buscavidas llevan bolsas viejas y, a menudo, adornadas con extrañas pero eficaces correas.

Gastronomía

Si hace la reserva de un vuelo que incluya una comida, con un mínimo de cuarenta y ocho horas de antelación, sepa que tiene derecho a escoger un menú de buena calidad y a rechazar la espantosa comida de los *catering* (vulgo «comida de avión»). Los diferentes menús a que tiene opción, todos ellos frescos y sabrosos son: menú vegetariano, comida para diabéticos, comida sin sal, menú a base de pescado, comida judía, comida china, para musulmanes (sin cerdo), enfermos y niños.

Free-shop

No deje de comprar artículos de lujo baratísimos en las *free-shops* de los aeropuertos por falta de tiempo. Sepa que en caso de entretenernos, el avión nos esperará un mínimo de quince a veinte minutos. Por cuestiones de seguridad, las líneas aéreas no despegan cuando hay maletas que no van acompañadas de su propietario. Y saben que para localizar la maleta cuyo dueño no aparece, y que está contada por computadora, van a tener que descargar toda la bodega y sufrir un retraso seguro de al menos media hora. Por eso su compañero de vuelo buscavidas siempre hace su *duty-free shopping* con toda tranquilidad, mientras usted corre desalado sin comprar en cuanto oye que le llaman por los altavoces.

Lista de espera

Si usted está en lista de espera para un vuelo y lo tiene crudo, y hay una revolución o una contrarrevolución en el país, recurra al truco de inscribirse dos veces en la lista de espera, con la inicial de su nombre en un caso y con otra cualquiera en el segundo. Si usted está inscrito dos veces, siempre hay más posibilidades de que pueda embarcar. El «otro» puede ser su hermano, que en un momento dado se ha cansado de esperar y no aparece.

Billetes reducidísimos

El buscavidas se surte de billetes de avión para todo el mundo en el mercado negro que ha creado la Ley de Extranjería, al exigir a algunos turistas un billete aéreo de vuelta cerrado a su país, cuando lo que ellos quieren es permanecer en el nuestro.

De este modo viajamos a un precio razonable y les hacemos un favor a los extranjeros, a la vez que obligamos al ministro del Interior a pensar en otro truco para fastidiar a esas buenas gentes.

Pasajero-informante de líneas aéreas

Si nuestras finanzas se encuentran en un punto de fusión fría total y viajar nos resulta imposible, ni que sea en auto-stop, ni que sea llevándonos un saco para dormir en las estaciones de tren y un macuto repleto de bocatas, podemos intentar que nos empleen como pasajero-informante en una línea aérea.

El pasajero-informante hace su reserva de billete, factura sus maletas y, una vez a bordo, recibe el mismo trato que los demás pasajeros, sólo que éstos pagan por viajar y el pasajero-informante cobra de la compañía por hacer lo mismo.

El cometido de dicho personaje consiste en tomar notas durante el vuelo y redactar un informe completo sobre el funcionamiento del servicio. Algo facilísimo para el buscavidas, al que no se le escapa una, y además conoce al dedillo el «fascinante» mundo aéreo. Con este descansado empleo se pueden conocer ciudades nuevas y reponer víveres en las *free-shops* de los aeropuertos, amén de ganar un sueldo.

Cónyuge en líneas aéreas

Si ni aun así podemos viajar porque no nos dan el empleo, cabe un recurso audaz: casarnos con alguna azafata/o o piloto. Los viajes a cualquier parte del mundo nos saldrán completamente gratis y no hace falta que el compromiso sea para toda la vida, basta con llegar a un acuerdo amistoso con el empleado de las líneas aéreas por un período prudencial de tiempo. ¿Por qué creen que Rocío de España se puso en amores con un guapo piloto de Iberia, sino porque a la temperamental se le iba una pasta en viajes a América para triunfar...?

Correo del zar

Si usted todavía no tiene tan mala fama como una compañía aérea, puede sacar partido de esta circunstancia haciéndose *correo del zar.* Muchas empresas importantes de ámbito internacional emplean a personas de confianza para enviar sus documentos confidenciales o sus secretos industriales a Nueva York o Tokio, es un decir, a cambio de pagarles el viaje y la estancia en espera de respuesta, que a veces se demora días y hasta semanas. Que usted lleve sobre sus rodillas la vacuna definitiva contra el SIDA o medio kilo de cocaína pura es algo que no le atañe en absoluto.

Agentes

Si ni con ayuda de nuestro índice se ve capacitado para usar provechosamente su *air pass,* recorra las agencias de viajes hasta dar con un tipo de agente que parece empeñado en hundir el negocio: su pasión es conseguir la combinación más barata. Ojo con él, sin embargo. Nunca está dispuesto a decir *rien ne va plus* porque cree que es capaz de encontrar una tarifa más barata que la más barata, con riesgo de que le organice a usted una vuelta al mundo cuando sólo quiere ir a ver a su madre a Cáceres.

AGENCIAS INFORMALES

Son las que no tienen la más mínima formalidad. Llaman a sus viajes «aventura» y llevan razón, pues es imposible saber lo que nos aguarda.

En este tipo de viajes, cuando el conductor se canse de conducir el *jeep,* tendremos que tomar nosotros el volante; o lo que es peor, lo tomarán otros compañeros de viaje, aunque sean tullidos sin carné. Es más que probable que tengamos que montar la tienda de campaña a las tres de la mañana y que además le falte el suelo impermeable o las varillas de sujeción, si es que no tenemos que dormir cuatro en una tienda de dos plazas.

Indefectiblemente, el conductor-guía será un buscavidas simpatiquísimo pero irresponsable, capaz de equivocarse de ruta en pleno desierto o de envolver al grupo en un caso de tráfico de hachís oculto en frascos de pimienta. Con seguridad acabará produciéndose un motín a bordo en plena tempestad de arena, sin que en ningún caso tengamos derecho a la devolución de nuestro dinero. Por eso ningún buscavidas viaja jamás con estas agencias, como no sea en calidad de guía-conductor.

BUS O PULLMAN

Es lo que toma el buscavidas cuando no puede tomar nada mejor. Es de sobra sabido que las tarifas de autobús cuestan la mitad que las de tren y la cuarta parte que las de avión, de modo que hasta los mejores buscavidas tienen que recurrir alguna vez a esta forma tan prosaica de transporte. Pero no hay ninguna razón para admitir que hemos viajado de ese modo si no nos conviene, a menos que se trate de algún país fabuloso como la India, donde resulta obligado trasladarse en viejísimos autobuses de la II Guerra Mundial, en los que siempre tienen lugar sucesos de novela.

Dos ambientes

Todo buscavidas sabe que en los autobuses —sobre todo en los nacionales— hay dos tipos de ambiente. En la parte delantera reina un am-

biente familiar de gente pendiente del vídeo y que no fuma, mientras en la parte trasera se agrupan soldados, fumadores de porros, individuos que prefieren escuchar su música predilecta en el *walkman* antes que soportar los espantosos vídeos con que les obsequian los conductores, y todo tipo de gente simpática. Cuando el autobús no va lleno, en la parte trasera se encuentran muchos huecos en los que poder recostarse y dedicarse a las agradables actividades reseñadas.

En las salidas al extranjero, el buscavidas toma el *bus-pass.*

Bus-pass

Cuando nuestro amigo buscavidas nos cuenta que a ido en autobús de Barcelona a Roma y luego ha retrocedido hasta París, para luego saltar a Londres y acabar «aterrizando» en Lisboa, y vuelta a Barcelona, no es que nos esté liando, ni le han dado unas fiebres, lo que pasa es que esta vez ha utilizado un *bus-pass,* o sea, un billete de autocar que le permite hacer ese y otros itinerarios igual de chocantes por un precio ridículo. Además, en cada ciudad nuestro amigo se aloja gratis en casa de gente simpatiquísima con su carné de «socio viajero». Total: hasta dos meses de vacaciones casi por el mismo precio que si hubiera permanecido en casa.

AUTO-STOP

Sin embargo, ninguna tarifa puede competir con el auto-stop. Y en cuanto a lo que comúnmente se piensa que si uno hace auto-stop acabará por ser robado, violado y quizá troceado y metido dentro de un saco de plástico, es verdad en el 99 por ciento de los casos, tanto para el viajero como para el automovilista. Por eso los modernos autoestopistas llevan un carné que les pone a cubierto de sorpresas desagradables, ya que les reembolsa sus gastos hospitalarios sin limitación. En caso de muerte, sus allegados serán indemnizados con cien mil pesetas, y en caso de invalidez total lo serán con doscientas mil, pues es una lata aguantarle a usted en casa en esas condiciones por Dios sabe cuánto tiempo.

Existe también una variedad de auto-stop en la cual ciertas organizaciones ponen en contacto a automovilistas y autoestopistas en potencia, como en las agencias matrimoniales. Si una persona nos es presentada, resulta más difícil que nos haga una faena. Pero, recuerde, no existe antídoto contra el conductor suicida ni valen trucos cuando tenemos a Jack el Destripador a bordo de nuestro coche.

En esta fórmula, los autoestopistas están obligados a pagar unas tarifas establecidas al conductor en función del itinerario, lo que puede que sea más seguro, pero le quita todo su morbo a este tradicional sistema de jugarse honra y caballos.

LO QUE DISTINGUE AL BUSCAVIDAS PROFESIONAL DEL SIMPLE AUTOESTOPISTA DOMINGUERO CARGADO DE PÓLIZAS DE SEGUROS ES QUE PREFIERE TOMAR EL AVIÓN.

Autoestopista recluta

Un truco infalible para que nos cojan los automovilistas es vestir de soldado (mejor en traje de «romano» o paseo). Los conductores masculinos se enternecen al reconocerse en esos muchachos en edad de hacer la mili. Los cogen

tanto si están haciendo auto-stop como si no y les cuentan durante el viaje cómo les fue a ellos en el cuartel (es el «peaje» que hay que pagar, pero bastan unos tapones de cera en los oídos para soportarlo).

Si uno ya hizo la mili pero conserva el uniforme de recuerdo, conviene utilizarlo de nuevo cuando se proyecta hacer un largo viaje en autostop. No falla nunca.

TREN

Antes que coger el tren, los buscavidas prefieren quedarse en casa.

Trenes turísticos de lujo

Eso ya es otra cosa. El Orient-Express, el Transcantábrico o el Al Andalus, e incluso el Tren de la Fresa que va de Madrid a Aranjuez, son escenarios idóneos en los que los buenos buscavidas desarrollan sus capacidades para entretener a los ricos que se aburren en los trenes, con los naipes, la buena conversación, el oráculo y hasta el intercambio afectivo, que tan romántico y aventurero resulta en el compartimento de un tren de lujo.

Por ejemplo, el Transcantábrico se pasa ocho días serpenteando por la cornisa cantábrica, lo que no deja de ser un fastidio, a menos que se llenen las horas de algún modo sensato, o sea, montando una banca de «faraón» o resolviendo problemas por medio de la cábala...

El lujo satrápico de Al Andalus conviene a nuestro buscavidas, porque en su largo periplo desde Sevilla a Málaga, pasando por Córdoba y Granada, le da tiempo sobrado para ganar una fortuna a los naipes y entretener de mil maneras a sus ricos, quienes por hallarse en una situación cerrada agradecerán mayormente este auxilio.

CRUCEROS ORGANIZADOS

Hay quien dice que los cócteles representan la forma de tortura más refinada que existe. Un verdadero fastidio y un aburrimiento, al que no obstante todos acuden. Puede ser. Pero hay una forma aún más extrema de autotortura y aburrimiento: los cruceros, sobre todo si son organizados. Los cócteles tienen de bueno que se acaban, como mucho, a las dos horas de haber empezado, lo que no puede decirse de los cruceros.

¿Por qué, pues, se los encuentra uno llenos de víctimas voluntarias y, sobre todo, atestados de simpáticos buscavidas?

Muy sencillo, en el caso de los buscavidas (en los demás casos, no se ha encontrado respuesta): la gente está dispuesta a jugarse hasta el Rolex con tal de no perecer de muermo y claustrofobia. Además, el buscavidas hace en ellos sus *love connections,* que luego le habrán de alegrar todo el invierno, hasta el siguiente crucero.

En eso se parecen a los viajes en tren turístico de lujo.

Nota: de todos modos, los verdaderos ricos han desertado de estas viejas modalidades de viaje de placer, y prefieren los cruceros privados y no utilizar ningún tipo de tren, excepto el TGV (Tren de Alta Velocidad).

OTRAS GANGAS Y OPORTUNIDADES

Peluquería

Casi todas las peluquerías importantes tienen escuelas de perfeccionamiento para sus empleados, en las que cambiar de *look* capilar nos resultará gratis o a precio tirado (se pagan sólo los productos).

Claro que los aprendices tienen que aprender y puede que salgamos del secador con un extraño corte cuadrado, las patillas desiguales y en dos tonos de color.

También es posible que nos atienda el *boss* en persona, al que le rondan ya las nuevas tendencias en el magín, pero no se atreve a poner en peligro a su mejor clientela.

EN CASO DE DESAGUISADO IRREPARABLE

Lo que no debemos hacer

1) Echarnos a llorar.
2) Palidecer.
3) Arañar.

Lo que debemos hacer

1) Culpar públicamente al conocido peluquero.
2) Acudir rápidamente a la competencia. Los

peluqueros famosos se critican tanto entre sí, que correrán a arreglarnos gratis el desaguisado con tal de poder echar pestes del rival.

3) Si también nos desgracian esta vez, exijamos un corte de pelo tipo campo-de-concentración que tan bien combina con toda clase de pendientes exagerados.

RECUERDE QUE EN CADA FACTURA DE LA PELUQUERÍA VA INCLUIDO EL COSTE DE LAS BATAS CHANEL QUE LLEVA EL PERSONAL.

Música y teatro

Para vivir por encima de nuestras posibilidades en lo que se refiere a conciertos y funciones de teatro basta con observar atentamente los asientos que permanecen vacíos durante la primera parte de la función. A menudo eso sucede con las primeras filas y los palcos, donde se puede ver y oír maravillosamente el espectáculo. Tras la pausa en el *foyer,* nos dirigiremos con elegancia y aplomo a las localidades elegidas. Nadie nos dirá nada, pues no pueden impedir que se ocupen asientos vacíos.

Hace años que nuestra amiga periodista goza de un «autoabono» al primer palco de platea del Palacio de la Música de Barcelona, gracias a lo cual ha podido enterarse de cómo suena la guitarra de Paco de Lucía y gozar plenamente de las divertidas evoluciones de Els Joglars, cosa que no todos los espectadores pueden decir.

Es aconsejable vestir de etiqueta o similar. No hay nada más deprimente que ser «cazado» haciendo el *squatter* de palcos con unos tejanos raídos. Recuerde que la gente elegante sólo comete «confusiones», mientras que los zarrapastrosos sólo merecen la repulsa general, si es que no son tomados por terroristas.

Citas en hoteles

Todos necesitamos en algún momento quedar muy bien con alguna persona, sea porque nos puede proporcionar un nuevo trabajo, una aventura amorosa o relaciones sociales. Si no nos conoce, es que viene de fuera, en cuyo caso tomaremos el timón de la nave. Sin el menor titubeo, le citaremos en el bar de un hotel de lujo. Los favoritos de nuestra amiga buscavidas son el Palace de Madrid, el Colón de Barcelona y el Ritz de cualquier ciudad. Para citas románticas, nada como el bar con pianista del Meliá Sarrià de Barcelona y el salón íntimo del Palace de Madrid, anejo a la rotonda central. Al aire libre: la terraza El Jardín del Castellana Inter-Continental de Madrid, con música.

Llegaremos al bar del hotel antes que nuestro interlocutor, a quien recibiremos como en casa, pero sin llegar al extremo de ir en zapatillas.

El truco del bar de hotel causa un efecto tan fulminante que puede que no nos den el empleo, pero es seguro que la consumición nos saldrá completamente gratis, ya que el personaje se sentirá obligado a estar a la altura de las circunstancias.

Sólo una timidez impropia de un buscavidas nos puede inclinar a preferir para una cita importante las tascas típicas perfumadas al ajillo o los bares en los que siempre tintinea alguna inoportuna tragaperras, a los cómodos y lujosos bares de hotel.

Recuerde que el ruido y el mal aliento son los principales enemigos de los pactos importantes.

Entrenamiento previo: andar sobre moqueta de 10 cm. de espesor hasta que dejemos de tropezar y de mirarla fijamente como si se tratara de una jungla erizada de peligros.

Bodega surtida

Hágase regalar vino cada vez que invite a cenar y le pregunten qué prefiere que aporten los invitados. Estos aparecerán con vino caro por temor a ser tildados de roñosos.

Si traen un Vega Sicilia tinto diga que usted tiene un vino blanco fresquito de la casa, mucho más apropiado para su tortilla de sardinas. Si aportan un champán francés o botellas de Viña Esmeralda, arguya que está encantado (lo cual es cierto), pero que no combina con los callos a la madrileña.

Hágase con una buena bodega por este sencillo procedimiento.

Restaurante gratis

Privados

En los restaurantes con puertas a dos calles es fácil eludir la elevada cuenta —también conocida como «la dolorosa»— que los camareros nos presentan al final de la comida. En caso de que seamos sorprendidos en plena retirada, le espetaremos al camarero: «¡Casa con dos puertas, mala es de guardar!» y a continuación echaremos a correr.

Institucionales

Cuando ya hayamos hecho todo el recorrido de los restaurantes con dos puertas malas de guardar, y en consecuencia todos los camareros de esos simpáticos lugares nos conozcan, echaremos mano de nuestra lista de restaurantes gratis para buscavidas en apuros que existen. Las instituciones del país tienen abiertos establecimientos de este tipo, pues saben que todos los buscavidas tienen momentos bajos en su carrera y están decididos a salvaguardar la especie, junto con el águila real, la capra hispánica y los flamencos rosados.

En los restaurantes gratis con dirección religiosa es posible que nos obliguen a hacer algún tipo de reflexión espiritual antes de servirnos el menú del día, de modo que es preferible escoger los de cocina regional autonómica, que no se meten en nada. En esos restaurantes se reúne una interesante y variopinta clientela de buscavidas, que nos pondrá al día de lo que se cuece en el ambiente.

> **Aconsejable:** llevar una botella de jarabe para la tos rellena de nuestro vino preferido, debido a la *ley seca* que por desgracia rige en este tipo de locales.

Telecomunicaciones

Llamadas de larga distancia

El buscavidas pone todas sus conferencias a *cobro revertido* y así se ahorra un montón de dinero. Pocas personas y empresas son tan malvadas como para rechazarnos una llamada de larga o media distancia a cobro revertido. Por supuesto, no llamaremos con cargo ajeno para parlotear interminablemente sobre el verdadero sexo de los travestís, pues a la siguiente llamada no tendrán ningún empacho en decirle a la operadora que nones.

La compañía telefónica nos penaliza cada vez que una llamada de este tipo es rechazada por el pagano elegido, pero no si la persona con la que queremos hablar está ausente y hemos tomado la precaución de pedir la conferencia a cobro revertido y *personal.*

Aerogramas

El buscavidas utiliza siempre los *aerogramas* para su correspondencia cuando viaja a otros continentes o cuando escribe a sus amigos lejanos. Llegan igual de tarde y se pierden con tanta frecuencia como las cartas normales y las tarjetas postales, pero cuestan mucho menos y son más originales.

Cajeros automáticos

Fin de mes

Los cajeros automáticos de bancos y cajas de ahorros asociados al nuestro, pero *distintos,* «sueltan» entre cinco y cincuenta mil pesetas de crédito sin comprobar nuestro saldo a cero.

Recibo de atracos

Si estamos asegurados contra robos y atracos, acabamos de ser víctima de uno de ellos y no podemos demostrar que llevábamos encima una determinada cantidad de dinero en efectivo que nos ha sido robada, nos acercaremos al cajero automático más próximo, sacaremos una cantidad igual a la que nos hayan «distraído» (o algo superior, para compensar el susto) y guardaremos el comprobante como «recibo de atraco» para así poder reclamar a la compañía de seguros.

Tarjetas de crédito

Suma

Si al crédito de sesenta días que nos conceden los grandes almacenes para pagar nuestras superfluas compras realizadas en fechas adecuadas —como, por ejemplo, a primeros de mes— le añadimos las dos o tres semanas que le lleva a nuestro banco rechazar este cargo por falta de fondos en nuestra cuenta, más los treinta días de plazo que nos otorga el pagar honradamente este descubierto con la Visa, tenemos un confortable margen de tres meses o más para pagar nuestras superfluas compras.

Visa continua

Si sacamos dinero a cuenta con la Visa y luego lo reponemos y lo volvemos a sacar inmediatamente con la Visa, podemos pasarnos así hasta el día del Juicio Final.

Pagos domiciliados

El buscavidas jamás domicilia sus pagos en el banco, pues es del todo inapropiado que los acreedores y grandes compañías de suministro coman antes que nosotros. Su economía es mucho más fuerte que la nuestra y pueden esperar.

Casa en el extranjero

Ley del toma y daca

Es asombrosamente fácil pasar la primavera en Fez o Marrakech, el verano en Ibiza y el invierno en Nápoles o Cerdeña, por decir algo.

Sólo es preciso que estemos dispuestos a tener invitados en casa a menudo. Si uno invita a todos los extranjeros decentes que conoce, tiene el 99 por ciento de probabilidades de ser acogido por ellos en sus ciudades natales o adoptivas.

El circuito señalado a modo de ejemplo obedece a que los marroquíes (y pueblos árabes en general), la colonia de antiguos *hippies* ibicencos o los italianos se cuentan entre los grupos de gente más hospitalaria. Pero hay muchos más extranjeros incautos.

Y no es necesario (ni prudente) que nos arruinemos por causa de nuestros invitados. Cualquiera de los extranjeros citados nos guardarán devoción eterna sólo con que pongamos a su disposición una cama turca y nuestras primorosas tortillas de patatas a la española. Raramente piden más para darnos su dirección junto a esa deliciosa frase: «NI SE TE OCURRA VENIR A MI CIUDAD Y ALOJARTE EN UN HOTEL» que todo buscavidas está deseando oír.

Carné de viajero

Pero si la caza de extranjeros complacientes no se nos da bien, existen organizaciones no lucrativas que se ocupan de ello. Por una cuota de socio mínima, que cubre los gastos burocráticos, es posible estar en un montón de ciudades de cincuenta países a cama, pan y cuchillo, y conocer gente tan simpática como para poner sus castillos, barcos y caballos a nuestra disposición.

El número de noches a que tenemos derecho como socio viajero de estas organizaciones es limitado, pero se pueden convertir en varias semanas si nos entendemos bien con los anfitriones. Por otra parte, este tope de seguridad nos permite tomar elegantemente las de Villadiego en caso de que no nos den la llave para salir de noche o se empeñen en despertarnos a las siete de la mañana cada día. Hay un límite para lo que uno puede soportar, incluso estando invitado. Como en cada ciudad suele haber un cierto número de familias que aspiran a disfrutar de nuestra compañía, podemos cambiarnos de alojamiento con facilidad en caso de que lo deseemos.

En este sistema no estamos obligados a ser anfitriones.

Clubs e instituciones culturales

Sólo hay un medio para encontrar sitio en el bar del Círculo de Bellas Artes de Madrid: hacerse socio. Por una cantidad irrisoria (véase guía) tenemos derecho a asiento asegurado en las horas punta y a descuento en las consumiciones.
Si además insistimos en frecuentar las clases de pintura sin profesor, jugar al ajedrez y al billar y leer en la biblioteca, es asunto nuestro.

Para vividores a los que no avalarían ni sus padres:
El carné de socio del Instituto Italiano de Cultura de Madrid y Barcelona, sin avales y aún más barato que el anterior, da derecho a una sorprendente cantidad de cócteles-cena acompañados de conferencias y conciertos. Ultimamente el de Madrid ha bajado mucho, pero el de Barcelona es una especie de *buffet* libre permanente.

El Barcelona Pipa Club es el hogar ideal para poder fumar sin que le fastidien a uno con expulsiones, amenazas, miradas oblicuas, multas, desprecio social, ostracismo y conmiseración. Además, en este hospitalario club está bien visto apreciar los placeres de la buena mesa, lanzar dardos y otras actividades que placen al buscavidas.

Seguros de barcos

Si usted ha visitado un barco recientemente y ha pasado una mañana o una tarde agradables, en compañía de una tripulación atentísima que le ha enseñado todas y cada una de las limpias dependencias de la nave, e incluso le ha invitado a un refrigerio, despídase amablemente de ellos y luego cáigase en el primer socavón callejero que encuentre, hágase un montón de moraduras y rasguños aparatosos pero leves y diríjase al dispensario más cercano. Haga que le curen y curse una reclamación contra el barco en el que se «accidentó». Mejor si dicho barco ya ha partido hacia su ciudad de origen. Al poco de cursar la reclamación usted será indemnizado a cuenta de la prima del seguro que tiene suscrito el barco para estos casos, si antes no le detienen. Las compañías de seguros son capaces de cualquier cosa con tal de no pagar.

JUEGOS

Círculo de oro

Es el nuevo juego para ganar dinero sin trabajar, junto con la primitiva, la loto y la loto rapid, las quinielas, el quinielón, el cupón, el cuponazo, el bingo y los casinos.

Juegan al *círculo de oro* toda clase de VIPS y gente famosa, más una corte de «primos» que se encargan de que el invento funcione.

El juego consiste en una lista de jugadores, cada uno de los cuales debe buscar a su vez a otros dos, en lo que se parece mucho al juego de *la pirámide*, que asoló al país hace diez años, procedente de Sudamérica.

Cada nuevo participante debe pagar la mitad de la postura acordada a quienes le venden la lista y enviar la otra mitad a la cuenta corriente del primero de dicha lista por medio de transferencia bancaria. Cuando éste se embolsa una cantidad determinada, deja paso al jugador colocado inmediatamente después.

Como habrán adivinado y como sucede en todos los juegos escalonados, los últimos de la cadena benefician a los primeros de la lista porque pagan y a menudo no cobran. Por eso el buscavidas sólo juega cuando es invitado a integrar una lista recién comenzada o cuando puede encabezarla él mismo.

¿Es legal el círculo de oro?

No es legal ni ilegal porque no hay ninguna ley que lo autorice ni que lo prohíba: lo único que preocupa a Hacienda es que se escapen a su control diez mil millones de pesetas. En efecto, se calcula que hoy por hoy el juego del *círculo de oro* mueve en España diez mil millones de pesetas y que están en ello un millón de buscavidas españoles.

Sabido es que en todos los juegos de azar «legales» unos pocos ganan y otros muchos pierden, y si no que se lo digan a las víctimas del bingo y las ruletas; pese a esto la Policía considera el *círculo de oro* una «triquiñuela» poco recomendable.

Sin embargo, cuando el ministro Esquilache trataba de convencer a Carlos III para que introdujese en España el juego italiano de la lotería, como solución para llenar las depauperadas arcas del Estado, el buen monarca se preguntaba: «¿No será eso una estafa?» Y ya sabemos la excelente carrera que hizo el nuevo juego.

Sudamérica —y en primer lugar Buenos Aires— es la gran importadora de estos sistemas de ganancia (y pérdida) rápida. Allí se llama *el avión,* y ambos juegos, *avión* y *círculo de oro,* derivan de *la pirámide.*

El avión

Cuenta con un piloto, un copiloto y una tripulación compuesta por ingeniero, radiotelegrafista, sobrecargo, mozos de vuelo y azafatas, más un determinado número de pasajeros. En el momento de emprender el vuelo, el piloto se hace con todo el dinero recaudado y cede su puesto al copiloto, al tiempo que ingresa en último lugar un nuevo pasajero, procurando por todos los medios que el vuelo continúe indefinidamente para poder, por medio de eliminaciones, ocupar el puesto de piloto y cobrar el dinero.

La pirámide

Es la madre del cordero. La inicia un primer jugador, que pone una determinada cantidad de dinero (ha llegado a haber pirámides de hasta un millón por barba). Este debe reclutar a dos jugadores más, que se colocan inmediatamente debajo de él. La mitad de lo que han puesto estos dos pasa al primer jugador, con lo que éste recupera su dinero, y el resto, como en los casos sucesivos, se destina al que ocupa la cúspide (el buscavidas).

Los dos nuevos lo recuperarán con los cuatro siguientes. Estos, con los ocho que se colocan debajo y, finalmente, los últimos dieciséis repondrán lo jugado por esos ocho.

En el momento en que treinta y una personas hayan pagado su cuota, el jugador que está en cabeza se lleva la cuarta parte de todo lo recaudado, y *la pirámide* se divide en dos para volverse a formar de nuevo.

Nadie pierde... siempre y cuando cace a dos incautos más. A diferencia de lo que ocurre en

Esquema de la pirámide clásica

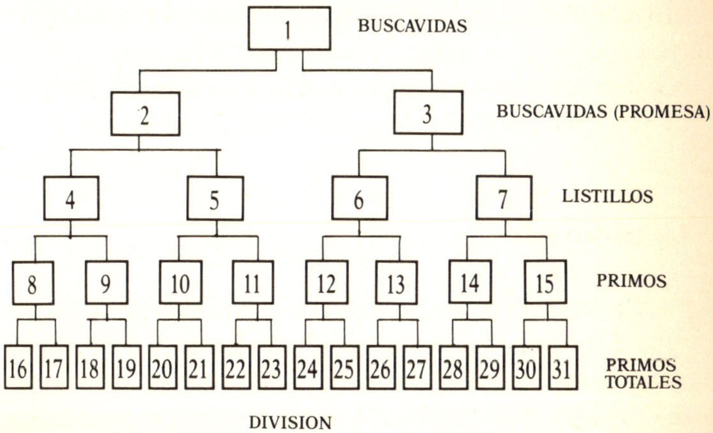

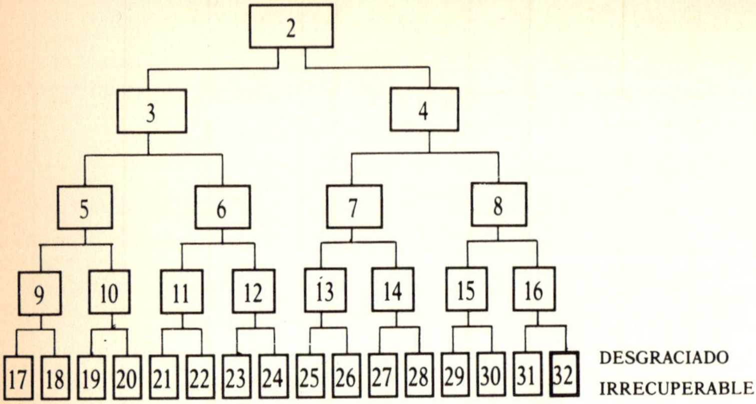

el *círculo de oro,* el dinero debe entregarse en efectivo y en un sobre, y no valen cheques ni transferencias.

Se juega en casa del que ocupa la cúspide o en un club discreto, siempre a media luz y con buenas copas.

VI. Vivir a crédito

Aunque el buscavidas es muy independiente y prefiere vivir al día para preservar su libertad de movimientos, también sabe aprovechar las facilidades que le pone en bandeja una sociedad montada sobre los mecanismos del consumo.

Sabe que dicha sociedad penaliza a los espíritus precavidos y premia a los consumidores desenfrenados. Por eso las tarjetas de crédito proporcionan un crédito más amplio si se compra con ellas en un comercio que en caja. Y que devolver un crédito al banco antes del plazo previsto no sólo no nos ahorra intereses, como sería lo lógico, sino que está penalizado económicamente, aunque se trate de una práctica ilegal.

El buscavidas sabe de sobra que es una tontería:

a) Pasar un mes apurado por falta de ingresos;

b) Pedir préstamos a los sufridos amigos por ídem, estando los bancos para eso;

c) Ir con la dentadura impresentable por lo mismo;

d) Sufrir un sinnúmero de incomodidades por falta de muebles o de electrodomésticos básicos;

e) Sufrir síndrome de carencia por falta de artilugios superfluos.

Recuerde que los bancos no ven con buenos ojos que pidamos un crédito para comer, pero se les parte el alma si aún no tenemos un coche con motor turbo por un quítame allá esos millones.

COMPRAS

Los créditos más rápidos —y de interés más bajo— son los destinados al consumo, ya que se conceden en un término de tres días, de cuarenta y ocho horas y hasta de un día. Son *créditos privados rápidos* de cuatro a diez millones de pesetas para gastar en electrodomésticos, muebles, viajes, coche, yate, médicos o abogados. El plazo tope de devolución es de cinco años, suficiente para que el buscavidas encuentre la forma de pagarlos o de escabullirse.

DENTISTA

Si el dentista le deja caer que lo suyo no tiene arreglo por menos de un millón, hágale una con-

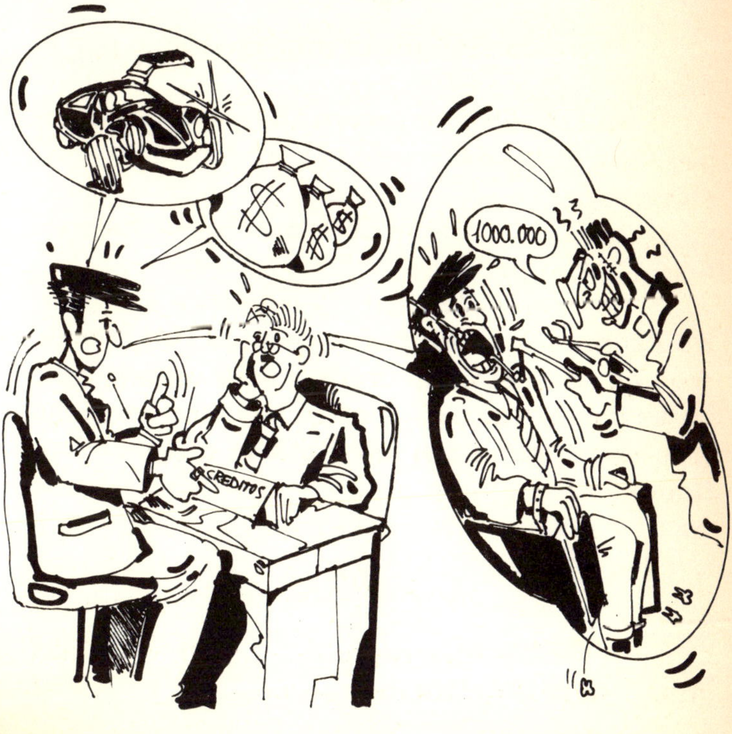

traoferta, en lugar de ponerse malo. Está exagerando tanto en el precio que aceptará, y si no acepta, deje que el tiempo ponga las cosas en su sitio. Después de varias sesiones de tortura y algunas inevitables chapuzas, el dentista querrá hacerse perdonar y se avendrá a ajustar las tarifas.

De todos modos, el banco le da hasta un millón a crédito de bajo interés si se presenta lleno de flemones en cualquier sucursal.

HACIENDA

Antes de junio, los bancos le rondarán para que pague a Hacienda con ayuda de un crédito: déjese rondar.

JOVENES

Si usted tiene la pasajera suerte de ser joven, será una presa codiciada por los mismos bancos que años atrás se reían sólo con ver a un tipo como usted. Deles el golpe a padre y madre consiguiendo préstamos para tesis doctorales, cursos en el extranjero y de posgraduado, primer coche y primer vídeo, casa o despacho. Los bancos dan amplias facilidades de pago, y si además usted consigue para su tesis un sobresaliente *cum laudem* le serán perdonados los intereses del crédito e INCLUSO EL PROPIO CRÉDITO.

Nota: si usted no dispone de eso que llaman hoja de salario, ni le avala nadie que posea una hoja de salario, no se acerque por ningún banco a pedir créditos si quiere evitar afrentas. También le pedirán certificados de solvencia, de propiedades, declaración del IRPF, última liquidación a la Seguridad Social, fortuna personal...

VII. Cómo ir de sustracciones

Se habla mucho de cómo comprar bien, pero no hay guías ni manuales que enseñen a sustraer correctamente.

Conviene recordar que los alimentos aún no llevan sistemas antisustracción. Y por suerte lo más caro es lo más pequeño y por tanto lo más cómodo de sustraer, como el caviar iraní, los quesos y patés de importación, los ahumados, las trufas y un sinfín de fruslerías parecidas que hacen más llevadera la existencia. No es aconsejable ni rentable sustraer una bolsa de dos kilos de patatas, por ejemplo.

Sin embargo, existen cosas de pequeño tamaño como los libros, los *cassettes* o las petacas de licor (tan prácticas para oficinas y transportes públicos) que pueden llevar una traicionera tira de papel de plata magnetizada que dispara una alarma. Ojo. Debemos comprobar cuidadosamente si pasan los objetos por el desmagnetizador en supermercados, tiendas de discos o *boutiques*. Y qué objetos sí y cuáles no. *Si colo-*

camos amorosamente nuestras pequeñas sustracciones con la tira magnetizada contra nuestra piel nos libraremos del bochorno de que suene la alarma y tener que decir que nos implantaron algunas vértebras de metal a raíz de un terrible accidente...

Darle un toque personal a un objeto sustraído es una forma de demostrar que nos pertenece..., aunque sea desde hace diez minutos. Y si nos da tiempo de sobarlo y ajarlo, mejor. Por ejemplo, los bolsos de buena piel se sustraen mejor con todas nuestras pertenencias dentro y a las bolsas de deporte se les puede pegar algún adhesivo personal.

No sustraiga nunca sin comprar. Para llevarse un artículo atractivo y caro no hay como comprar otro de poco precio al mismo tiempo. Y esta regla de oro sirve para todas nuestras sustracciones del mes.

CAMBIO DE PRECIOS

Resulta muy práctico así mismo el cambio de precios a nuestro favor. Sería estúpido pagar una fortuna por el whisky Chivas Regal cuando podemos pegarle la etiqueta de una lata de sardinas en escabeche. A las ocho de la noche de un

sábado-punta ninguna cajera es capaz de distinguir los dedos de su mano.

Recuerde que los comercios importantes suelen cargar en sus precios el 2 por ciento en concepto de género sustraído, que se eleva a diez mil millones de pesetas al año.

SI NADIE SUSTRAE, ESOS DIEZ MIL MILLONES IRÁN A PARAR A LAS ARCAS DE LOS ESTABLECIMIENTOS.

Recuerde también que el Código Penal español sólo considera delito las sustracciones que excedan de las treinta mil pesetas. Sea prudente, pues, y sustraiga de treinta mil en treinta mil. Si le cogen los del servicio de seguridad del establecimiento, reconozca inmediatamente que llevan razón. Usted es un cleptómano en fase aguda o un parado desalentado. En ambos casos, va al psiquiatra y no tiene un duro.

Si es una chica 10 o un joven angelical —y los buscavidas casi siempre son lo uno o lo otro— haga valer su encanto, pero no se enfrente nunca a esos perros guardianes: están adiestrados para morder a los pobres sustractores.

VIII. El derecho al propio *look*

Si bien el derecho al propio cuerpo del que tanto se habla es muy importante, pues no se comprende muy bien cómo podemos funcionar sin disponer de nuestra pequeña envoltura carnal, no lo es menos el derecho a vestirla y componerla adecuadamente. Nadie se cree el viejo refrán de que «el hábito no hace al monje», muy por el contrario, hoy sabemos que los monjes importantes se visten a medida en Londres y Milán, y se hacen la psicoestética en Iranzo.

También que gente rutilante que triunfa en los bares de moda no son nada desprovistos de su *look*. Por ejemplo, en las playas nudistas se convierten en algo tan impersonal como una hamburguesa a la plancha; quizá por eso el nudismo sólo interesa a una minoría de higienistas cargados de años y michelines.

Al conjunto de prendas de vestir diversas, más complementos, joyería y bisutería, corte de pelo, maquillaje, perfumes, bronceado por infrarrojos y modelado del cuerpo por medio de diferentes sistemas —todo convenientemente firmado— se le llama *look*. Pocas personas se atreven a salir a la calle sin él.

Ya no es de recibo andar vestidos de guerrilleros nicaragüenses con la excusa de que somos inconformistas, pues hasta los líderes de la izquierda han dejado hace mucho tiempo en el armario los pantalones de pana y los jerséis tejidos en casa y se han puesto en manos de expertos y carísimos asesores de imagen.

El buscavidas inteligente cultiva con amor su *look* porque sabe que es un pasaporte imprescindible para moverse en sociedad, incluidas las sociedades obreras. Giacomo Casanova no habría sido el gran seductor que fue sin su prestancia física y el esmero que ponía en su atuendo y sus pelucas, aun estando en la cárcel. Del mismo modo, Oscar Wilde sabía que el ingenio no basta para brillar en los salones si al mismo tiempo no se tiene un aspecto cuidado y coquetería en el vestir. Él llevaba calzón corto, medias de seda y flores en el ojal. Por no hablar de nuestro Alí-Bey, quien representó su papel de príncipe oriental con todo el fasto que éste requería...

El buscavidas sabe que un buen *look* es una inversión y por eso ahora todo el mundo se gasta la mitad del sueldo en lograrlo y mantenerlo.

Veamos cómo se las arregla él.

Rebajas

Las rebajas son el truco inventado por los comerciantes avispados para mantenernos com-

prando todo el año. También es el truco del buscavidas para comprar sólo cuando a él le interesa, a precios tirados. Cierto que visita las mejores tiendas en temporada, pero sólo para estar al día de las novedades y saber qué es eso de la lana fría y el algodón caliente, y poder hacerse con ellas en las rebajas.

Las rebajas ya no son sinónimo de saldos, ya que en ellas se pueden encontrar las mejores marcas, ni deben producirnos sonrojo, pues la gente rica las adora. En época de rebajas las tiendas caras están tan llenas de niños y señoras bien como lo pueden estar las *boutiques* populares y los grandes almacenes.

Esta norma tan sencilla como infalible sólo da resultado si se aplica a rajatabla, que es lo que hace el buscavidas. Es más, comprar todo el año a precios tirados se ha convertido para él en un verdadero *hobby;* ir a la caza de la ganga no sólo es bueno para su bolsillo, sino también un desafío para su ingenio, y ante la pieza cobrada se siente como el artista ante la obra conseguida o el cazador veterano ante una buena pieza de caza mayor.

Alta costura

La ropa usada en los desfiles de moda no se pone a la venta por evidentes motivos estéticos e higiénicos. Si usted tiene tipo de modelo (como 1,80 m de estatura y 40 kilos de peso) puede intentar que el modisto le venda piezas de vestuario y calzado que se han usado para su exhibición.

Los modistos prestan sus prendas exclusivas a las personas simpáticas y con buena percha. También a periodistas que se ocupan de la moda, a los reporteros que les entrevistan, a los publicitarios del medio... Estas personas tienen ya tan mala fama inmerecida de buscavidas que harán mal en no aprovechar la posibilidad de lucir prestados trajes y pieles de alta costura en sus cenas y reuniones de compromiso.

Mercadillos semanales

Todos los mercadillos semanales de los pueblos tienen al menos un puesto de ropa resultona a precios absurdos. (Véase guía.)

Ropa usada y antigua

La ropa *retro* es la que le presta al buscavidas su toque modernísimo, pues no hay nada más actual que unos zapatos de caballero de los años treinta en dos colores o un atrevido vestido de mujer de los años cincuenta.

Complementos

Son indispensables para modernizar las prendas antiguas y, así mismo, las prendas nuevas pero sosas se revalorizan con complementos vistosos, raros o antiguos. A la inversa, se combinan prendas actuales firmadas con originales complementos comprados al peso en encantes y rastrillos. El buscavidas suele llevar, por ejemplo, una camisa antigua de popelín de cien pesetas con una pajarita actual de mil. O una corbata posmoderna de puro rara, comprada por cincuenta pesetas en el Rastro madrileño, con una camisa de Adolfo Domínguez conseguida en las rebajas.

Parece algo complicado, pero un *look* no se adquiere así como así. Recuerde que los políticos tienen un asesor exclusivamente para que les diga si pueden armonizar los topos con las rayas.

Compras en el extranjero

En vez de cargarse de *bibelots* y de objetos turísticos de dudosa utilidad, el buscavidas aprovecha sus frecuentes viajes para completar su vestuario y equiparse para nuevos viajes. Compra también prendas y complementos bonitos y baratísimos que luego vende a sus amigos: éste es uno de los modos con que el buscavidas se paga los viajes.

Cambalaches

A los países árabes, como Marruecos o Túnez, lleva nuestro personaje una auténtica colección de tejanos usados y ropa occidental en general, que le permite hacer interesantes cambalaches por ropa y complementos nuevos del lugar. (También le sirve para pagar al guía y para que le dejen éstos en paz, para encontrar la salida de las medinas y para encontrar la entrada, entre otras mil ventajas.)

Tiendas-chollo

(Véase guía.)

IX. La casa del buscavidas

Como el buscavidas es bastante errante no suele tener la vivienda en propiedad, a menos que se trate de una herencia familiar. La prosperidad de muchos buscavidas se basa en que están libres de alquileres molestos.

También ocurre que a causa de los alquileres abusivos se ve obligado a menudo a dejar su apartamento por acumulación de rentas exageradas, de modo que tan singular personaje no suele tener casa fija durante mucho tiempo ni hacer grandes inversiones en ella, pese a lo cual le gusta encontrar acogedora su madriguera entre viaje y viaje.

Electricidad

El buscavidas hace siempre un «puente» y a continuación lo compra todo eléctrico.

Teléfono

Raramente tiene teléfono y suele hacerse el misterioso al respecto. De este modo él decide cuándo ve a sus amigos y acreedores, que por otra parte nunca saben dónde está ni cuándo aparecerá.

En realidad, lo que sucede es que hace mucho que la compañía telefónica le ha retirado el servicio y se niega a restablecérselo bajo cualquier concepto. Un verdadero buscavidas siempre está peleado con Telefónica, lo cual al fin y al cabo le ocurre al mismísimo presidente de la asociación de defensa del consumidor, OCU, García de Pablos.

Gas

El buscavidas no lo necesita, pues ya hemos visto que prefiere los aparatos eléctricos.

Agua

En cambio gasta mucha, mucha agua porque sabe que no podría ejercer su delicada actividad si le «cantaran» los pies o las axilas. Por suerte, el kilolitro de agua todavía no va al mismo precio que el kilovatio o el paso telefónico.

Muebles

Todas las buenas tiendas del ramo ponen constantemente en oferta muebles de moda que son finales de serie o que se quiere sustituir por otros aún más novedosos. En las tiendas debemos comentar nuestro deseo de obtener un mueble de oferta porque así nos avisarán en el momento en que salga una ocasión. No obstante y teniendo en cuenta que las buenas piezas se venden a las pocas horas de aparecer, es conveniente tener «marcada» la tienda muy de cerca: nos va en ello un ojo de la cara.

Credimueble

Los buscavidas más puestos recurren para amueblar su nueva vivienda a los Créditos Personales Rápidos de Incitación al Consumo Compulsivo. (Véase «Créditos».)

Muebles de estilo

Los buscavidas laboriosos son capaces de reciclar verdaderos adefesios de ropavejeros, anticuarios y chamarileros y convertirlos en muebles de estilo. La última moda impuesta por buscavidas comodones, sin embargo, es la de dejar tal cual los marcos desconchados y las tapicerías desvaídas con la excusa de que más roído por el tiempo está el Partenón de Atenas y todo el mundo lo admira.

Hi-fi

Nuestro personaje adora toda la gama de aparatos de imagen y sonido y se monta una cadena envidiable de alta fidelidad con lector de discos compactos, televisor estéreo con teletexto y hasta ordenador personal, gracias al mercado de ocasión de las tiendas especializadas.

Compra todos los *kits* por separado, buscando siempre la mejor relación calidad/precio, aunque ello suponga un batiburrillo de diseños, colores y tamaños, más un asombroso lío de transformadores y empalmes eléctricos, más decenas de metros de cable para llevar la música a todas las habitaciones de la vivienda, incluido el baño. El buscavidas se baña siempre escuchando su música preferida y tiene además un televisor auxiliar tamaño paquete de cigarrillos entre los frascos de aseo (es decir, montones de pastillitas de jabón y bolsitas de dentífrico y colonia procedentes de trenes y hoteles de todo el mundo).

Prensa

La prensa que prefiere el buscavidas son las revistas del mercado de segunda mano y de ocasión, tanto españolas como extranjeras, y está abonado a todas.

X. El buscavidas rico

Como el buscavidas no es hijo de millonario, que le haya permitido estudiar informática en Silicon Valley de California y unos cuantos años de empresariales en Japón, tiene que buscarse la vida empleando su ingenio.

Por eso su economía experimenta emocionantes altibajos, que nos lo presentan ora como un verdadero *yuppie*, ora como un cliente asiduo de los restaurantes gratuitos institucionales (vulgo comedores de beneficencia). El buscavidas vive como un príncipe saudí cuando tiene dinero (de ahí que le dure poco), y cuando no lo tiene hace todo lo posible por seguir viviendo como un príncipe saudí, aunque no siempre lo consiga.

Los inevitables períodos de desajuste financiero no le desaniman, sin embargo, porque ponen su inventiva a cien y en esos momentos es cuando descubre y pone en práctica nuevos y fértiles trucos para vivir bien.

En este capítulo encontramos al buscavidas rico o moviéndose para serlo, sea porque ha vendido, por una cifra impensable, el piso de la calle Serrano de Madrid que heredó de su abuela, tan destartalado él, sin reformar ni decorar, pero muy amplio y en una zona tan estratégica, o porque compró una partida de ordenadores y *telefax* personales a precio de quiebra y se los colocó a todos sus amigos que iban para *yuppies*.

Y en cuanto tiene algo de dinero, el buscavidas lo pone a trabajar como a un esclavo nubio, pues sabe que el dinero inmovilizado es dinero muerto.

CE

En enero de 1993, el Acta Unica Europea significará trescientos veinte millones de consumidores con una capacidad adquisitiva superior a la media española a los que venderles algo y un montón de países por los que circular libremente. El buscavidas, que necesita pista, ve esta posibilidad con muy buenos ojos y lo que siente es que la idea no se extienda a todo el planeta. Se acabaron las trabas aduaneras y otros controles incómodos que le obligaban a patearse todos los pasos clandestinos de frontera para llevar a cabo sus negocios.

DONDE INVERTIR

Especulación inmobiliaria frenética

El buscavidas sabe muy bien, como usuario de apartamentos cada vez más caros que le obligan incluso a hacerse *squatter* o como especulador feroz cuando se encuentra con el piso de su abuela en las manos, que el mercado inmobiliario —sobre todo el de Madrid, el de la Barcelona olímpica y la Sevilla de la Expo— se ha convertido en el mejor modo de poner a trabajar su dinero para que no se lo coma la inflación.

Ahora es el momento de comprar, pues en poco tiempo los precios del mercado inmobiliario madrileño o barcelonés alcanzarán los de las capitales europeas más importantes (tres y hasta cuatro veces más altos). De modo que vale la pena comprar casi a cualquier precio, porque la inversión se duplicará o triplicará en pocos años. De ahí están saliendo fortunones nacionales que de otro modo no se entenderían.

Informática

El mercado español apenas si está a la mitad de su capacidad de absorción en materia de informática, pero cuando la mitad de un país se informatiza obliga al resto a hacerlo también, so pena de que se arme un batiburrillo espantoso, que es lo que está ocurriendo en este momento. Agencias de viaje modernísimas que se bloqueaban porque la RENFE no tenía un sistema informático al día, y cosas por el estilo.

Todo el mundo se carcajeó cuando hace unos años el buscavidas sustituyó la agenda y la máquina de escribir por un ordenador personal y el teléfono por un *telefax*. Ahora hasta el portero de su finca tiene un ordenador para hacer quinielas múltiples y un *telefax* para comunicarse con su peña quinielística.

Ya nadie dice «Te envío un informe escrito», sino «Te envío los *diskettes* con el informe», ni «Te llamo en seguida», sino «Te mando en seguida un *fax*».

También su mente a la vez imaginativa y lógica le convierte en un programador de *software* muy solicitado, y es así mismo magnífico ideando y vendiendo vacunas contra los virus informáticos.

Lo que más aprecia el buscavidas del sector informático —y del de tecno punta— es que no hay que mancharse las manos fabricando ni enfrentarse con correosos sindicalistas, pues basta con trasegar y comerciar.

Ocio

Es el sector que mejor conoce el buscavidas y en el que mejor se mueve. Su primer ordena-

dor lo puso a trabajar en el diseño de un *calendario para el perfecto buscavidas,* a partir del almacenamiento y análisis de datos sobre épocas de actividad profesional y de vacaciones de los ricos, lugares frecuentados, lista de mansiones campestres disponibles, cruceros y ferrocarriles de lujo, mapa del mercado inmobiliario correspondiente, demanda de veleros de alquiler...

Con los datos obtenidos, nuestro hombre puso un chiringuito de pescaítos fritos en cierta isla perdida del Mediterráneo a la que les ha dado por ir a todos los ricos que consideran que Formentera ya no es primitiva. Con el dinero ganado, compró una casa típica y la convirtió en un precioso hotel con todas las incomodidades (candiles de acetileno para alumbrarse y aguamaniles para lavarse) que los ricos caprichosos buscan, cansados de tanta comodidad como han logrado acumular en sus hogares urbanos.

Y aunque parezca increíble en gente que en la ciudad protesta si no les cambian la servilleta en cada plato, en las islas primitivas es posible hacer negocio vendiéndoles linternas para caminar de noche por las callejuelas o alquilándoles vespinos y «bicis» para desplazarse, ya que ellos no quieren luz ni automóviles por allí.

Además del turismo y la hostelería, el buscavidas invierte su dinero y sus ideas en el juego, la náutica, clubs deportivos, *aquaparks*, parques de atracciones estilo Disney, gimnasios, clubs náuticos, campos de golf y Mall americano, galerías de tiendas, minicines, etcétera. Príncipes hosteleros y marquesas relaciones públicas demuestran cuán noble es este sector.

Comunicación

Repleto de buscavidas. Y habrá más, pues la demanda está muy por encima de la oferta, sobre todo en Televisión. El buscavidas amortiza sus viajes por Europa y Estados Unidos trayéndose ideas para nuevos programas. Casi todos los programas buenos que hemos visto aquí proceden del extranjero, desde *La clave* (Francia) a *El precio justo* (EE.UU.). Si además de importar una buena idea produce uno mismo el programa para TVE, mejor que mejor, pues el Ente no sabe qué hacer con sus propios recursos humanos y tecnológicos, y si no que se lo pregunten a José Sámano y a Mercedes Milá con su *Esta noche*...

Bolsa

Una de las grandes pasiones del buscavidas, como el juego y las apuestas, en la que lo mismo se pueden ganar unos cuantos *kilos* que perder hasta los *boxers.*

Hoy la Bolsa española ya no es el clásico refugio de profesionales con altos ingresos que no querían meterse en negocios pero querían poner su dinero a cubierto de la corrosión inflacionaria, sino que se ha convertido en un buen mercado especulativo de valores de alto riesgo que atrae a un sinfín de buscavidas dispuestos a arriesgar importantes capitales en papeleras, inmobiliarias, alimentación, servicios, químicas y eléctricas, principalmente.

Rico o arruinado, el buscavidas pasa varias horas al día en la Bolsa siguiendo las incidencias y controlando a su agente-buscavidas ahora llamado *broker.*

Metales

El metal del siglo XX ya no es el oro (véase «Oro»), sino los metales necesarios en el sector de la tecno punta. El mercado de metales está estrechamente relacionado con el mercado de divisas, y es ahí donde se ve la habilidad del buscavidas para bordear la ley sin violarla, al menos no tanto como para que lo metan en la cárcel.

Los beneficios del moderno tráfico de metales raros para la industria de vanguardia son espectaculares.

Piedras preciosas

Los ricos vuelven a lucir perlas y esmeraldas para que se vea lo ricos que son. Neus Soldevilla, «la Dulce Neus» lo sabía pero hizo mal en traficar con pedruscos pintados con anilina verde porque hasta los ricos más toscos y recientes notan la diferencia.

DONDE NO INVERTIR

Oro

El oro ya no es lo que era. En 1980 valía setecientos cincuenta dólares la onza, en abril de 1989 había bajado a trescientos ochenta y cinco dólares, y hasta los pocos buscadores de oro americanos que quedan saben que este vil metal puede llegar en su caída hasta los trescientos cincuenta dólares, o sea, la mitad de su valor en sólo nueve años.

Materias primas

A menos que usted sea un superbuscavidas ultraespecializado en seguir la ruta del café o en prever cómo va a ir la cosecha de algodón egipcio, no se meta en este mercado: es peor que atravesar la selva amazónica desnudo.

Diamantes

Tal vez un diamante sea para siempre, como dice la publicidad, pero lo cierto es que hace un tiempo subieron mucho y ahora se encuentran de regalo en los sobres de sopa preparada. Bueno, tal vez eso sea un tanto exagerado, pero la verdad es que los diamantes han bajado mucho, pero que mucho.

Arte

A menos que usted sea un marchante capaz de sobornar a toda la crítica neoyorquina para que pongan de moda a sus artistas, el arte no es negocio porque depende del gusto, que es un baremo muy cambiante, y de buscavidas inteligentísimos que influyen sobre dicho gusto. Ya no es posible encontrar párrocos desaprensivos o pobres que vendan tablas románicas por cuatro perras, ni se encuentran Leonardos ocultos en los anticuarios. Tampoco se da el caso de artistas incomprendidos, como Van Gogh, que tuvieron que regalar en vida o vender por casi nada sus telas y luego se han subastado en Sotheby's por cifras de infarto. Lo más habitual es que las cotizaciones del arte se mantengan, e incluso caigan, a menos que usted tenga una economía tan sólida que pueda comprar cuadros de Picasso, Matisse, Cezanne o Degas, como el buen barón Von Thyssen, en cuyo caso maldita la falta que hace que le aconsejemos cómo hacerse rico.

Hace tiempo que nuestro amigo se dio cuenta de que es inútil pretender reunir una colección de arte en la que figuren la *Mona Lisa,* el *David* de Miguel Angel, *El entierro del Conde de Orgaz, La rendición de Breda* y *Los fusilamientos de La Moncloa,* por ejemplo. Ni siquiera el barón Von Thyssen puede permitírselo. Por eso el buscavidas ha logrado convencer a su rico de que el arte contemporáneo no es necesariamente repugnante y que ahí es donde se mueven el dinero y los inversores audaces. Le costó convencerle de que un par de zapatos viejos arrojados a la playa por la marea eran una buena compra, siempre que el cuadro estuviera firmado por Miquel Barceló, y ahora su rico se lo agradece.

El buscavidas es ese personaje avispado que en las subastas de todo el mundo compra para su rico piezas de arte contemporáneo, pinturas cubistas, *fauves* y hasta el dibujo más pequeño de los períodos *rosa* y *azul* de Picasso, y deja los cuadros de épocas anteriores para los museos.

Por ejemplo, la pintura del siglo XIX ha sido sobrevalorada y ahora empieza a caer.

De todos modos, tanto el buscavidas como su rico saben de sobra que es más productivo invertir en un apartamento de la calle Serrano de Madrid que en la *Mona Lisa,* aun en el caso de que ésta estuviera en venta.

Petróleo

Pese a que los que compraron acciones de Repsol el pasado año hicieron muy buen negocio, es mejor dejar el petróleo y sus guerras de moros y cristianos para quien las quiera.

Advertencia primera

Claro que para cuando aparezca este libro, en el competitivo mercado librero, los sectores económicos propuestos o desaconsejados habrán sufrido las lógicas oscilaciones, pero el buscavidas rico o en vías de serlo tiene ahora, además de los clásicos *Financial Times, The Wall Street Journal* e *Il Sole 24 Ore,* cinco diarios y otras tantas revistas de tema económico, más el programa radiofónico *La calle del dinero* para no pifiarla.

Advertencia segunda

Gente como los Vanderbilt, los clásicos ricos de Estados Unidos, se dedican a actividades que no son citadas como rentables en los diarios económicos, tales como crianza de purasangres, decoración de interiores, fundación y promoción de museos, producción de vinos y hasta crianza de llamas, pero ocurre que los que ya nacen con mucho dinero pueden dedicarse casi a cualquier cosa con la seguridad de que les irá bien, y si no es así, no notarán las pérdidas. Nuestro buscavidas, en cambio, hará bien en comprar todos los pisos baratos que encuentre en buenas zonas de Madrid para revenderlos al día siguiente, y cosas así de seguras.

XI. Y ahora tú

Suena el teléfono. Qué raro que aún no nos lo hayan cortado. Es nuestra amiga periodista que llama desde la redacción de una importante revista de moda y sociedad. Está exultante de alegría porque la han contratado para trabajar fija y, «¿te das cuenta?», dice, «por fin un empleo seguro con un sueldo todos los meses». Ya estaba cansada de acostarse a las cinco de la mañana y de aguantar millonarios chalados. Un horario como todo el mundo, vacaciones pagadas en verano y las pagas extras invertidas en eurobonos. ¡Ya le iba haciendo falta un poco de vida sana!

Qué latazo de mujer. Si nos damos prisa, puede que algún cajero automático de la ciudad nos suelte crédito todavía antes de que la alarma roja los ponga a todos sobre aviso...

NOMINA
CONTRATO

XII. Guía práctica de chollos, gangas y otras oportunidades

Aerogramas

Cuestan 50 pesetas, por lo que resultan muy ventajosos a la hora de escribir a nuestros amigos de otros continentes y de países no pertenecientes a la Comunidad Europea, o cuando nos hallamos en esos lejanos lugares. En venta en oficinas de correos.

Bares de hotel de lujo

Hotel Ritz, Plaza de la Lealtad, 5, Madrid. Gran Vía, 668, Barcelona. *Palace,* Plaza de las Cortes, 7, Madrid. *Colón,* Avda. de la Catedral, 2, Barcelona. *Meliá Sarrià,* Avda. de Sarrià, 50, Barcelona. *Terraza Hotel Castellana Inter-Continental,* P.º de la Castellana, 49, Madrid. Copas, piano y fasto al aire libre de 13 h. a 1 h.

Casa en el extranjero

Servas, Repartidor, 39, tel. (93) 210 10 10 (Gary), Barcelona y tel. 276 26 87 (Cruz Bajo), Ap. de Correos 3092, Madrid. Posibilidad de pernoctar y manutención con familias de diversas ciudades de cincuenta países. Carné de viajero: 3.500 pesetas. Organización no lucrativa afiliada a la ONU. Posibles estancias de varios meses en algunos países trabajando en granjas o enseñando español.

Cine (día del espectador)

Para atraer espectadores a sus salas, los cines establecieron hace algunos años un «día del espectador» en el día laborable que registraba más «absentismo», el lunes. En vista del éxito, que fue masivo, la oferta se ha extendido a los miércoles, día que hoy prevalece mayoritariamente en ciudades como Madrid y Barcelona.

Cerca de cien salas en Madrid y de cuarenta en Barcelona ofrecen su tarifa reducida el día del espectador, que está en torno a las 300 pesetas. Conviene llegar con tiempo a las proyecciones porque las colas no tienen nada que envidiar a las que se forman durante el fin de semana.

Existen también en ambas ciudades una Filmoteca que por 150 pesetas la entrada ofrece cine «rancio» pero supermaravilloso.

Clubs e instituciones culturales

Círculo de Bellas Artes, cuota de socio: 1.000 pesetas. Entrada, 500 pesetas. Alcalá, 42, tel. (91) 331 77 00, Madrid. *Instituto Italiano de Cultura,* cuota de socio: 4.500 pesetas al año. Mayor, 86, tel. (91) 247 52 04, Madrid y Pje. Méndez Vigo, 5, tel. (93) 317 31 74, Barcelona. *Barcelona Pipa Club,* cuota de socio 900 pesetas mensuales. Plaza Real, 3, tel. (93) 302 47 32, Barcelona.

Comer gratis

Hijas de la Caridad, Martínez Campos, 18, Madrid. *Damas Apostólicas,* José Marañón, 15, Madrid. *Madre Teresa de Calcuta* (cenas), Rda. de Segovia, 1, Madrid. Otros: San Joaquín, 10 y General Asensio Cabanillas, 23, Madrid. *Generalitat de Catalunya,* Municipio, 8; Canuda, 26; Paralelo, 97, Barcelona. *Ejército de Salvación,* Rubí, 18, Barcelona. *Madre Teresa de Calcuta,* Leona, 8. *Obra de Dios,* Cadena, 4, Barcelona.

Conferencias a cobro revertido y personal

Recuerde: siempre que ponga una conferencia a cobro revertido al extranjero asegúrese también de que sea personal, o sea, a cargo de una persona concreta. De lo contrario y en caso de que dicha persona esté ausente y nos rechacen la conferencia, Telefónica nos cargará 700 pesetas de «multa», más el coste de la comunicación. Las conferencias nacionales se pueden poner a cobro revertido, pero no personal, de modo que si ésta nos es rechazada, la compañía nos cargará 150 pesetas más la conferencia.

Recuerde también que si la persona requerida está, pero no acepta hacerse cargo de la llamada, nadie nos salva de dicha penalización. Llame, pues, a gente simpática y generosa a cobro revertido y personal o a gente que esté deseando hablar con usted.

Conferencias nacionales a cobro revertido: tel. 009.

Europa: tel. 008.

América y Oceanía: tel. 005.

HI-FI

Tiendas especializadas con mercado de ocasión

Audio Reference, Provenza, 205, tel. (93) 253 78 85, Barcelona. *Amadeus,* Bruc, 33, Barcelona. *Toni Serra,* Travessera de les Corts, 354, Barcelona.

Tienen «lista de espera» para los clientes que desean gangas concretas.

Los países con mejores mercados de ocasión de la llamada fidelidad de excepción son Francia, República Federal de Alemania y Gran Bretaña. Sus excelentes ofertas se conocen a través de las revistas especializadas de venta en los quioscos de dichos países.

Revistas mercado de segunda mano

Primeramá, de venta en Barcelona y Gerona, 125 pesetas. *Mercapress*, 125 pesetas. *Segundamano*, Madrid, 150 pesetas. *CD Compact* (sección de ocasiones en discos compactos). *Tú vendes, yo compro*, Madrid, 150 pesetas.

Informática

Además de las ofertas que se citan en las revistas más arriba mencionadas, existe una interesante oferta de ocasiones en los tablones de anuncios de las facultades de Informática de las universidades de Barcelona y Madrid. Precios reventados porque los estudiantes necesitan cambiar constantemente de artilugios. Conviene pasarse por allí antes de comprar un ordenador.

JOVENES

Carnés internacionales

Student (ISTC) y *Scholar* para estudiantes en activo. Descuentos en viajes, museos, teatros, cines, etc. Se gestiona en TIVE, Instituto de la Juventud, tel. (91) 401 13 00, Madrid, y Gravina, 1, Barcelona, tel. (93) 302 06 82.

FIYTO para jóvenes no estudiantes. Descuentos en billetes internacionales de avión, museos, teatros, cines, alojamientos, etc. TIVE, Eurojoven (91) 241 39 12, Madrid, y Viajes Lanzani (91) 308 02 72, Madrid.

Carné Internacional de Albergues Juveniles: seis mil albergues en todo el mundo, excelente relación calidad/precio, prioridad para alojarse en los albergues de todo el mundo afiliados a la IYFH. Además, el carné permite participar en las actividades y los viajes que organiza la Federación Internacional de Albergues Juveniles (IYHF), TIVE y Servicio Territorial de la Juventud, Rda. San Pedro, 17, tel. (93) 302 28 58, Barcelona.

Carné Internacional de Campings (IZU): necesario en algunos países, proporciona además un seguro que cubre daños a terceros. Delegación Española de la Federación Internacional de Camping (IZU), Edificio España, grupo 4.º, planta 11, tel. (91) 242 10 89, Madrid.

Carné de Estudiante de Países Socialistas: descuentos en museos, 25 por ciento en trenes, en todos los países del Este. OTU, Boulevard Saint Michel, 137, 75005 París.

Carné Joven: descuentos en España, Francia, Luxemburgo, Bélgica, Holanda, Portugal y Escocia. Dentro de poco servirá también para el Reino Unido, Italia y Grecia. Algunas agencias de viajes conceden descuentos de entre el 5 y el 10 por ciento a los poseedores del carné. Descuentos en restaurantes de países europeos y en comercios.

Avión

TIVE ofrece billetes de avión a precio reducido para viajar desde algunas importantes ciudades españolas a Nueva York, Houston, Chicago, Los Angeles y Atlanta. También ofrece abonos para viajar sin limitaciones por EE.UU. durante treinta días con la compañía Delta Air Lines, cuesta 50.000 pesetas.

Bus

Greyhound Ameripass: kilometraje ilimitado por EE.UU. y Canadá. Se adquiere fuera de esos países.

Dormir en EE.UU.

El carné de estudiante permite dormir en albergues juveniles y obtener descuentos en diversos hoteles, moteles y residencias.

Tren

Tarjeta Joven: 2.000 pesetas, válida desde el 1 de mayo al 31 de diciembre. Los jóvenes hasta veintiséis años tienen derecho al 50 por ciento de descuento sobre la tarifa general del billete en días azules. Incluye la gratuidad de una litera para un solo trayecto. Se adquiere en RENFE y agencias de viaje. La Tarjeta Joven permite viajar por Francia (1.500 pesetas de suplemento) y Portugal (1.000), válida del 1 de junio al 30 de septiembre.

Tarjeta Inter Rail: permite viajar sin limitaciones por las líneas principales de tren en veinte países europeos y por Marruecos a los menores de veintiséis años. En España comporta el 50 por ciento de descuento y cuesta 24.750 pesetas. RENFE, TIVE, Norda: Pau Claris, 108, tel. (93) 317 59 49, Barcelona y Moravia-OTEJ: Consejo de Ciento, 380, tel. (93) 246 03 00/03/09, Barcelona.

Billete BIGE: válido para 18 países europeos durante dos meses. TIVE, Norda, Wasteels, Turismo Social, Trieste y Moravia-OTEJ.

Euro Train-BIJ: descuentos del 30 por ciento en trayectos internacionales.

Rail Pass de circulación libre

Tarjeta France Vacances (Francia), *Brit Rail Pass* (Gran Bretaña), *Turist Karte* (RFA), *Abono Suizo de Vacaciones, Austria Ticket.*

Los jóvenes tienen importantes descuentos sobre las tarifas habituales de estos abonos (véase guía apartado «Tren»).

Transalpino, descuento de hasta el 40 por ciento sobre precio normal, válido dos meses, ruta determinada. TIVE, Wasteels: tel. (91) 243 12 03, Madrid, y Muntaner, 552, tel. (93) 211 54 58, Barcelona.

Albergues juveniles

Estancia máxima de tres noches, obligatorio saco-sábana, abiertos de 7 de la mañana a 12 de la noche. Muy económicos, muchos con restaurante y cocina.

Convivencia en familia y estudios lingüísticos

Estancias gratuitas en familia en EE.UU., Irlanda, Francia e Inglaterra, desplazamientos en avión, bus o tren, julio y agosto. Entre 68.000 y 179.000 pesetas, según destino y programa de actividades. *Nacel*: Almona del Campillo, 3, tel. (958) 22 33 68, Granada.

Comedores universitarios

Conviene aprovecharlos con el carné internacional de estudiante. Existen prácticamente en todas las ciudades con universidad.

MERCADILLOS SEMANALES (ROPA)

Barcelona y alrededores

Lunes
Santa Coloma de Gramenet, Blanes, Barberà del Vallés, Ametlla de Mar.

Martes
Cornellà, Sant Adrià de Besòs, Lloret de Mar.

Miércoles
Canet de Mar, Terrassa.

Jueves

Cornellà, Granollers, Llagostera, Malgrat.

Viernes

Vilanova i la Geltrú, La Roca, Espluga de Francolí, Badalona y Molins de Rei.

Sábado

Calella, Mataró, Vilanova i la Geltrú.

Domingo

Canovellas.

Segundo y último jueves de mes

Sitges.

Madrid

Domingo

El Rastro (Plaza de Cascorro y alrededores).

Miércoles

El Escorial.
Fuenlabrada.
Parla.

Viernes

Leganés.

Sábado

Aranjuez, Chinchón, Getafe, Majadahonda, Pozuelo de Alarcón y Las Rozas.

Ropa masculina

Temporada normal

Cadena Massimo Dutti: precios imbatibles, línea «formal» estilo italiano, calidad estándar. Tiendas en Velázquez 46, Fuencarral 139, Madrid. Vía Augusta 33, Diagonal 602, Rambla de Cataluña 60, Barcelona, y veintitrés ciudades españolas más.

Rebajas

Primer día para invertir grandes cantidades, prendas de marca; últimos días en busca de gangas firmadas.

Torrents: Puertaferisa 34, P.º de Gracia 95, Pau Casals 6, Barcelona. *Leoni*: Puertaferrisa 11 y 13, Barcelona. *Furest*: P.º de Gracia 12, Diagonal 468, Pau Casals 3, Barcelona.

Ropa femenina

Soluciones baratas

La tienda de Lolín, especie de supermercado de prendas coordinables. Diseño moderno dentro de un orden, precios de beneficencia, rebajas *rien ne va plus*. Recomendada la tienda de Lloret de Mar (Costa Brava), tel. ((72) 36 75 36. Barcelona: Avda. Puerta del Angel 18 y Puertaferrisa 30. *Mango*: prendas modernas, *sport*, cómodas y desprejuiciadas. Recomendada exclusivamente en período de rebajas, precios muy interesantes y *stock* abundante. P.º de Gracia 65 y Puerta del Angel 7 bis, Barcelona. *Romy's* (Cranc), cadena de *boutiques* muy baratas, todo en punto de algodón, línea y color jóvenes, calidad batalla: Pelayo 34, Galerías Halley, P.º de Gracia 62, Barcelona. Cuesta del Rosario 12, Sevilla, y Toro 102, Salamanca.

PELUQUERIA

Academias (corte y arreglo del cabello gratis)

Rizos, Rafael Calvo, 5. Tel. (91) 447 19 63, Madrid.

Gálico, Eduardo Dato, 2. Tel. (91) 447 51 32, Madrid.

Gente, Alejandro Ferrán, 7. Tel. (91) 239 20 05, Madrid.

Cebado, Aribau, 70. Tel. (93) 323 33 63, Barcelona.

Llongueras, Balmes, 162. Tel. (93) 218 41 45, Barcelona.

Miquel Planas, Galileo, 264. Tel. ((3) 239 34 02, Barcelona.

VIAJES

Agencias informales recomendadas

Años Luz, Rodríguez San Pedro, 2, oficina 1.202. Tel. (91) 445 11 45, Madrid. Ronda de San Pedro, 11, 6.º, 3.ª. Tel. (93) 302 50 81, Barcelona. *Trekking y Aventura,* Don Ramón de la Cruz, 93. Tel. (91) 401 22 08, Madrid. Gran Vía, 523. Tel. (93) 254 37 02, Barcelona. *Rosa dels vents,* Jaime I, 13. Tel. (93) 315 20 58, Barcelona. *L'arc,* P.º del Borne, 10. Tel. (93) 319 40 28, Barcelona. *Mundo en ruta,* San Jerónimo, 18. Tel. (91) 522 91 96, Madrid. *Bidón 5,* Juan de Dios, 5, 1.º izq. Tel. (91) 247 61 17, Madrid. *Entalpía,* Hilarión Eslava, 50. Tel. (91) 449 69 09, Madrid.

Autobús

Bus Pass

Billete de bus a precio reducido, nominativo, seis itinerarios por Europa a escoger, paradas discrecionales en cada ciudad del itinerario; la validez del billete es de dos meses. Eurolines Julià, Pza. Universidad, 12. Tel. (91) 317 33 46, Barcelona. Estación de autobuses, Canarias, 17. Tel. (91) 228 11 05, Madrid.

Avión

Tarifas

Apex: reserva y pago total del billete veintiún

días antes de la salida, sin escalas, estancias entre siete días y tres meses, vuelos trasatlánticos, sobre todo Europa-EE.UU.

Apex midweek: más barata que la anterior, viajando entre lunes y jueves incluidos, en ambas direcciones; reserva y pago del billete catorce días antes de salir. Estancia entre siete y ciento ochenta días.

Abc: muy utilizada por las compañías *charter* para vuelos Europa-EE.UU. Reserva con quince días de antelación. Más económica que *apex*.

Abc reducida: más barata que la anterior, conformidad de vuelo cuarenta y ocho horas antes de la salida; a veces, en lista de espera hasta el último momento.

Stand by: billete sin reserva, en lista de espera hasta conseguir plaza. Sólo la ofrecen determinadas compañías aéreas.

Mini de Iberia: 40 por ciento de descuento sobre tarifa normal. Ida y vuelta, reserva y pago en el momento. Cuatro días de antelación como mínimo.

Fin de semana: entre el 25/30 por ciento de descuento, noche del sábado al domingo en ciudad de destino.

Air pass: abono económico para un determinado número de vuelos o para vuelos ilimitados por el interior de un país. Con el billete Delta se pueden recorrer más de noventa ciudades de EE.UU. durante treinta o sesenta días, con trayecto ilimitado y la posibilidad de repetir la misma ruta diversas veces. Se adquiere en TIVE, tel. (91) 401 13 00, Madrid y (93) 302 06 82, Barcelona. La compañía aérea brasileña Varig ofrece *air pass* por 330 dólares que permiten realizar un número ilimitado de vuelos en el interior del país.

Pasajero-informante

Compañía aérea TWA, Pza. Colón, Torres de Jerez, 2.º piso, tel. (91) 410 60 12, Madrid. P.º de Gracia, 55-57, tel. (93) 215 23 82, Barcelona.

Auto-stop organizado

Red Iberstop (internacional). Se paga una tarifa fija según punto de destino. La Tarjeta Iberstop cuesta 2.000 pesetas al año, permite descuentos en viajes por ciudades de Europa. Tel. (91) 265 65 65, Madrid y (972) 36 83 01, Barcelona. Compañías asociadas: *Comparco,* Pintor Fortuny, 21, y *Barna Stop,* tel. (93) 318 27 31, Barcelona.

Travel Contact: tarifa por gestión de contacto con automovilistas (entre 300 y 600 pesetas). Pago directo al automovilista según destino. Tel. 794 22 74 (contestador).

Autostop a dedo: los socios comparten gastos del trayecto (alrededor de 3 pesetas el kilómetro). Comunicando con cuarenta y ocho horas de antelación el destino se pueden encontrar compañeros de viaje. Tel. (91) 265 65 65, Madrid.

Tren

Casi todos los países tienen algún tipo de abono que, por un precio global, permite viajar ilimitadamente por la red de ferrocarril durante un período de tiempo.

Brit-rail pass: permite viajar por toda la red ferroviaria de Inglaterra, Gales y Escocia con billetes válidos para ocho, quince y treinta días. Cuestan respectivamente 14.500, 21.500 y 30.500 pesetas a los mayores de veinticinco años, y 11.500, 17.500 y 24.500 a los menores de veintiséis años. *Ian Dornan International*, Gran Vía 88, edificio España, planta 10, oficina 4. Tel. (91) 247 29 30, Madrid. Barcelona, Norda y TIVE.

Tarjeta France Vacances: libre circulación por las líneas de la SCNF, períodos de siete, quince y treinta días. Norda, Pau Claris, 108. Tel. (93) 317 59 49, Barcelona.

Turist-Karte: permite recorrer Alemania en ferrocarril durante nueve o dieciséis días. Norda.

Abono suizo de vacaciones: sirve para viajar en tren, autocar y barco, durante cuatro, ocho, quince y treinta días. Menores de dieciséis años con 50 por ciento de descuento.

Austria Ticket: uso libre de trenes austríacos durante nueve, dieciséis y treinta días.

TITULOS DE ESTA COLECCION

1. Carmen de Posadas, **Yuppies, jet set, la movida y otras especies (Manual del perfecto arribista).** Novena edición.
2. Francisco Umbral, **Guía de la posmodernidad (Crónicas, personajes e itinerarios madrileños).**
3. Marilyn Hamel, **Guía del protocolo sexual (Cómo seducir a un caballero sin dejar de ser una señora).** Quinta edición.
4. P. J. O'Rourke, **Cómo tener la casa como un cerdo (Guía doméstica del perfecto soltero).** Duodécima edición.
5. Carmen Posadas, **El síndrome de Rebeca (Guía para conjurar fantasmas amorosos).** Segunda edición.
6. Luis Zarraluqui, **Batallas conyugales (Adulterios, traiciones, divorcios y demás contiendas matrimoniales).** Cuarta edición.
7. Angel Palomino, **Insultos, cortes e impertinencias (Cómo hacerlo).** Sexta edición.
8. Eduardo Calvo, **La risa de los dioses (La mejor literatura de humor de todos los tiempos).**
9. Fernando G. Tola, **Cómo hacer absolutamente infeliz a un hombre.** Decimoquinta edición.
10. Sayers y Viney, **Las malas noticias del horóscopo (El libro de astrología que le cuenta la espantosa verdad).** Tercera edición.
11. James Gorman, **Primeros auxilios para hipocondríacos.** Segunda edición.
12. Costus, **Enciclopedia universal de la María (y sus metamorfosis: la marmota y la chiquilla).** Segunda edición.

13. Carlo Frabetti, **Manual del ingenioso (Cómo ganar puntos y quedarse con el personal).** Tercera edición.

14. Antonio Gómez Rufo, **Cómo ligar con esa chica (que tanto te gusta y a la que le gusta otro).** Tercera edición.

15. Dan Greenburg y Suzanne O'Malley, **Cómo escapar del amor y el matrimonio.** Tercera edición.

16. Bruce Nash y Allan Zullo, **Cómo hundir su empresa (Guía práctica de la mala gestión).** Tercera edición.

17. Pedro Ruiz, **El Estado y la madre que lo parió.** Quinta edición.

18. Angel del Pino, **Cómo reírse del sexo (en publicidad).**

19. Julio García Castillo, **Cómo convertirse en un genio de los negocios.** Segunda edición.

20. Fernando G. Tola, **Mis tentaciones (10 lecciones para bajar al infierno).** Segunda edición.

21. Moncho Alpuente, **Cómo escapar del 92 (Indios, conquistadores y demás sainetes colombinos).**

22. Stephanie Brush, **Hombres: manual de uso y disfrute.**

Ediciones Temas de Hoy
Paseo de la Castellana, 93. Planta 14
28046 Madrid